碳中和与数字新经济

董千诺◎著

中国纺织出版社有限公司

内 容 提 要

当前，我国正在全面迈进数字经济新时代，产业数字化、数字产业化进程方兴未艾，数字经济新技术、新产品、新业态不断涌现，深刻改变了我们的生产生活方式。数字经济有助于提高整个社会的信息化、智慧化水平，提高资源配置效率，有利于减少碳排放，尽早实现碳中和。本书认为，政府和企业两个层面应同时发力，协同助力碳中和。政府应完善平台建设，如加快数字城市建设、推进生态资产数字化、完善碳排放信息管理系统等。企业应从自身出发，尽力减少碳排放、率先实现碳中和、参与森林碳汇建设、为碳减排研究提供资金支持等。企业在政企协同方面也应有作为，如开展大数据中心和5G基站节能技术、能源互联网相关技术、智慧办公系统开发等方面的研究。本书为关心碳中和的每一个人而写，为数字经济浪潮中的每名企业家而写。

图书在版编目（CIP）数据

碳中和与数字新经济 / 董千诺著. -- 北京：中国纺织出版社有限公司，2024.1（2024.3重印）

ISBN 978-7-5229-1023-9

Ⅰ.①碳… Ⅱ.①董… Ⅲ.①低碳经济－研究 ②信息经济－研究 Ⅳ.①F062.2 ②F49

中国国家版本馆CIP数据核字（2023）第181579号

责任编辑：段子君 于 泽　　特约编辑：董楚欣
责任校对：高 涵　　责任印制：储志伟

中国纺织出版社有限公司出版发行
地址：北京市朝阳区百子湾东里 A407 号楼　邮政编码：100124
销售电话：010—67004422　传真：010—87155801
http://www.c-textilep.com
中国纺织出版社天猫旗舰店
官方微博 http://weibo.com/2119887771
天津千鹤文化传播有限公司印刷　各地新华书店经销
2024 年 1 月第 1 版　2024 年 3 月第 2 次印刷
开本：710 × 1000　1/16　印张：12.5
字数：129 千字　定价：58.00 元

前言

当前，我国正在全面迈进数字经济新时代，产业数字化、数字产业化进程方兴未艾，数字经济新技术、新产品、新业态不断涌现，深刻改变了我们的生产生活方式。数字经济有助于提高整个社会的信息化、智慧化水平，提高资源配置效率，有利于减少碳排放，尽早实现碳达峰、碳中和。

2020年9月22日，中国政府在第七十五届联合国大会上提出："中国将提高国家自主贡献力度，采取更加有力的政策和措施，二氧化碳排放力争于2030年前达到峰值，努力争取2060年前实现碳中和。"碳达峰、碳中和是一场广泛而深刻的经济社会系统性变革，涉及能源结构、工业过程、交通运输以及生态系统碳汇、工程碳汇等各个领域。

工业文明带来了温室气体等副产品，全球变暖引发一系列气候问题，碳达峰和碳中和是全球共识，碳市场的形成和碳交易的发展使碳行业成为全球经济发展新的着力点。

数字经济的发展有效助力碳减排，碳排放的数字化核算、碳管理的数字化体系、环境权益的数字化开发，需要政府和企业两个层面同时发力，协同助力碳中和战略目标的实现。在绿色金融、绿色科技、绿色能源、绿色交通、绿色生活、绿色智慧城市和绿色投资成为低碳发展的重点之后，政府应完善平台建设，如加快数字城市建设、推进生态资产数字化、完善碳排放信息管理系统等。企业应从自身出发，积极参与碳达峰、碳中和，尽力减少碳排放，率先实现碳中和，参与森林碳汇建设，为碳减排研究提供资金支持等。企业在政企协同方面也应有所作为，开展大数据中心和5G基站节能技术、能源互联网相关技术、智慧办公系统开发等方面的研究。

董千诺

2023年5月

目录

第一章
碳中和时代已经到来

第一节　什么是碳达峰和碳中和

碳中和是指国家、企业、产品、活动或个人在一定时间内，直接或间接产生的二氧化碳或温室气体排放总量，通过植树造林、节能减排等形式实现抵消，达到相对“零排放”。碳达峰则指碳排放进入平台期后，进入平稳下降阶段，也就是使二氧化碳或温室气体排放量达到“收支相抵”。简单来说，就是你产生了多少“碳”量，就要通过某些方式来削减或者消除这些“碳”量对环境的影响，实现自身“零排放”。

碳中和的概念并不是近年才产生的，实际可追溯至2006年，《新牛津美国字典》将“碳中和”评为当年年度词汇。

简单来说，碳达峰就是二氧化碳的排放不再增长达到峰值，之后逐步回落。[1]中国承诺在2030年前，二氧化碳的排放不再增长，达到

[1] 国家电力投资集团有限公司，中国国际经济交流中心. 中国碳达峰碳中和进展报告[M]. 北京：社会科学文献出版社，2023.

峰值之后再慢慢减下去。

为什么要实现碳达峰、碳中和目标？

首先，气候变化是人类面临的全球性问题。随着各国二氧化碳排放量的增加，温室气体猛增，对生命系统造成威胁。在这一背景下，世界各国以全球协约的方式减排温室气体，我国由此提出碳达峰、碳中和目标。

其次，保证能源安全。碳排放与经济发展密切相关，经济发展需要消耗能源。而我国从“中国制造”到“中国智造”，产业链日渐完善，经济实力与日俱增，同时碳排放量也在攀升。发展低碳经济、重塑能源体系具有重要意义。

构建碳达峰碳中和标准体系，应以目标和问题为导向，提出总体建设方案。标准体系应涵盖能源、工业、建筑、交通、农业、林草、金融、商务、公共机构、居民生活等各方面，实现碳排放重点行业和领域全覆盖。此外，标准体系可从基础共性、碳减排、碳清除、市场化机制等路径进行构建，兼顾国家、地区、园区、组织、产品等不同应用场景。

其中，基础共性可以涵盖术语定义、统计，以及碳计量、监测、核算、报告、核查等标准，为碳达峰碳中和工作提供关键的基础共性标准支撑；碳减排可以涵盖节能提效、化石能源清洁利用、发展新能源和可再生能源、工艺过程温室气体控制、协同降碳等标准，为重点领域实现碳达峰碳中和提供关键支撑；碳清除可以涵盖碳汇、碳捕集利用及封存等标准，为实现碳中和目标提供重要支撑；市场化机制可以涵盖绿色金融、碳交易、用能权交易、生态产品价值实现、绿色低碳服务等标准，建立有效的碳达峰碳中和支持机制[1]。

如何实现碳达峰碳中和目标呢?

首先，我们要在经济增长和能源需求增加的同时，持续削减煤炭发电，大力发展和运用风电、太阳能发电、水电、核电等非化石能源，实现清洁能源代替火力发电。

其次，加快产业低碳转型，促进服务业发展，强化节能管理，加强重点领域节能减排，优化能源消费结构，开展各领域低碳试点和行动。

[1] 张希良，黄晓丹，张达 . 碳中和目标下的能源经济转型路径与政策研究 [J]. 管理世界，2022，38（1）：35–66.

第二节　工业文明的副产品——温室气体

工业文明是指工业社会文明，它体现了劳动方式最优化、劳动分工精细化、劳动节奏同步化、劳动组织集中化、生产规模化和经济集权化六大基本原则。

1750 年工业革命之后，人类在产业、科技等各方面急速成长，虽然带来极大的便利，但也造成了一定的危害。欧洲科学家通过对南极冰盖钻探试样的研究，发现工业革命前的 65 万年间，地球大气层中温室气体含量十分稳定，但工业革命以来，温室气体含量急剧增加，大大超出自然变化的幅度。

1997 年 12 月，在日本京都，由联合国气候变化框架公约参加国三次会议制定通过了《联合国气候变化框架公约的京都议定书》(以下简称《京都议定书》)，是《联合国气候变化框架公约》的补充条款。其目标是“将大气中的温室气体含量稳定在一个适当的水平，进而防止剧烈的气候改变对人类造成伤害”。《京都议定书》主要为了削减下列六种导致气候严重变迁、失衡的温室气体，包括二氧化碳、氧化亚氮、甲烷、六氟化硫、氢氟碳化物、全氟化碳。在这些温室气体中，尤以二氧化碳排放量最高，总体影响最大。燃烧化石燃料，比如煤、天然气，或燃烧废弃物及木材等就会产生二氧化碳，再加上工业革命后，人口急速增长，大幅砍伐森林，造成能吸收二氧化碳的绿林减少，因此二氧化碳排放量急剧上升。

如今，温室效应已成为日常话题之一，全球变暖一直是全球环境研究的焦点，那么，导致全球变暖的罪魁祸首究竟有哪几种气体呢?

第一种，二氧化碳。从工业革命开始至今，由于人为原因导致的大气中二氧化碳浓度增加了 1/3。这是引发气候变化的长期因素。尤其随着人口的增长和人类活动范围的增加，越来越多的二氧化碳被排放到大气中。

第二种，甲烷。甲烷是通过天然污染源和人类活动共同产生的碳氢化合物气体，比如掩埋的垃圾通过分解、农作物的分解、反刍动物消化食物、粪便处理及家养动物都能产生这种气体。从分子层面来说，甲烷是一种比二氧化碳更加活跃的温室气体。减少甲烷气体最有效的方法就是控制垃圾的产生，同时减少对肉类的摄取。

第三种，氧化亚氮。氧化亚氮是《京都议定书》规定的六种温室气体之一。与二氧化碳相比，虽然氧化亚氮在大气中的含量很低，但其单分子增温潜势却是二氧化碳的300余倍。氧化亚氮浓度的增加，已引起科学家的极大关注，氧化亚氮气体主要来源于燃烧各种染料产生的废气。

第四种，碳氟化合物。碳氟化合物最初是用作工业气体，是一种集合多种应用的化合物，但由于它能够对臭氧层造成破坏，现在国际协定对这种产品进行严格管控，禁止把碳氟化合物释放到大气里。碳氟化合物也是温室气体。最常见的是六氟化硫、四氟化碳、三氟化氮等气体。

第五种，水蒸气。水蒸气是气候变化情况的一个反馈。水蒸气的热效应足够强大，能把大气中的二氧化碳造成的全球变暖效应加强。全球变暖又会导致水蒸气数量增加，气温上升，气温上升会导致更多水蒸气被吸收到空气中，气候变暖和水分的吸收便以螺旋周期式增加。[1]

---

[1] 陈俊武，陈香生．试论本世纪末全球实现二氧化碳“净零排放”的难度[J].中外能源，2016，21（6）：1–7.

第三节　全球变暖与气候危机

2020年，联合国秘书长呼吁各个国家进入“气候紧急状态”。2022年，很多人说这是有史以来最热的一年，多个国家和地区的气温突破历史纪录。目前，气候危机已经席卷全球各国，极端高温、野火、暴雨和洪水等自然灾害在各国层出不穷。

2022年5月，世界气象组织发布了一份气候报告，指出现代的平均气温已经比工业革命前高出一大截，气候危机已经来临。面对这种全球性气候危机，人类必须提高警惕，采取相应的防护措施。那么，全球变暖、气候危机的危害有多大？

以2022年为例，全球变暖加剧，引发了一系列气候问题，如冰川融化、极端高温、森林火灾、火山爆发等，这些问题已经影响人们生活的方方面面。接连不断的气候问题登上各国的新闻头条，引发各国有识之士的重视。

2022年夏季以来，印度遭遇百年难遇的高温，数百人因此丧生。

美国气象部门的数据显示，夏季以来美国多地高温不断，就连美国最大的水库米德湖，也因为高温导致水位下降大半，影响了周边数千万人的水利电力的供应。除此之外，美国有多地因极端高温引发山火。

2022年的南美洲地区也不平静，连续十天的瓢泼大雨，引发了洪水和山体滑坡等自然灾害。在高温天气影响下，就连北半球最冷之地格陵兰岛的冰也在融化。

总体来说，全球变暖情况下，气候危机引发了包括极端高温天气、冰山融化、森林火灾、水源枯竭、洪水灾害等一系列问题。随着经济的发展，人类生产、生活活动向大气中排放了大量的二氧化碳，过多的二氧化碳排放加剧了大气危机。

那么，我们如何应对这场危机呢？

全球变暖、气候危机是一个难题，想要解决只能一步步来。

首先，发展清洁能源、可再生能源、生物能源，加强新技术的研发。目前，我国是再生能源领域的领军者，在太阳能和风能方面遥遥领先于其他国家。全球六大太阳能制造商中有5家在中国，全球十大风机制造商中也有5家在中国。

其次，发展循环经济，使能源利用最大化。发展循环经济是从源头实现节能减排最有效的途径，比如，将生活垃圾焚烧后的灰渣用作生产水泥的原料；成立以铜、铁、硫资源合理、高效利用的工业园；

把原本一烧了之的农作物秸秆做成培养食用菌的肥料……这些都在很大程度上推动节能减排。

最后，利用生态系统固碳，增加碳汇。森林是陆地生态系统的主体，在全球碳循环和调节气候变化中具有重要作用。利用植物的光合作用，可以提高生态系统的碳吸收和储存能力，从而减少二氧化碳在大气中的浓度。因此，增加森林总量、提高森林质量、增强森林生态服务功能等都可以减缓全球变暖趋势。

第四节　碳达峰和碳中和的目标

2022 年 3 月 2 日，“中国科学院科技支撑碳达峰碳中和战略行动计划”在北京发布，明确了近期、中期、远期的攻关目标，旨在通过解决关键核心科技问题，推动能源革命，推进产业优化升级，加快绿色低碳科技革命，为“双碳”目标的早日实现提供强有力的科技支撑。

该行动计划系统布局了科技战略研究、基础前沿交叉创新、关键核心技术突破、新技术综合示范、人才支持培育、国际合作支撑、创新体系能力提升、“双碳”科普八大行动，以及面向“双碳”战略重大科技需求具体实施的18项重点任务。

碳达峰碳中和是一场广泛而深刻的经济社会系统性变革，涉及能源结构、工业过程、交通运输以及生态系统碳汇、工程碳汇等各个领域，迫切需要跨领域综合交叉，突破技术瓶颈，形成全面支撑我国实现“双碳”目标的技术体系。这其中，科技创新是关键。

据悉，该行动计划是开放性的科技规划，由中国科学院组织院士专家经过近半年的研讨形成，并将坚持与时俱进，根据国际形势和国家战略需求进行调整和更新。此前，中国科学院已在“双碳”领域部署实施了“能源化学转化的本质与调控”“变革性洁净能源关键技术与示范”等一批战略性先导科技专项，一批原创性项目取得了丰硕的成果。同时，中国科学院充分发挥智库作用，从能源、固碳、政策等方面开展咨询研究，明确“发电端”“消费端”“固碳端”三端发力的技术研发体系，进行“控碳—减碳—低碳—中和”的碳中和发展路线图等研究工作。

“中国科学院科技支撑碳达峰碳中和战略行动计划”的主要目标有三个：

到2025年，突破若干支撑碳达峰的关键技术，促进经济社会低碳绿色转型，探索支撑碳中和目标的颠覆性、变革性技术。明确碳汇机理，形成碳源汇监测、核算的科学方案，为国家相关决策提供科学依据；突破化石能源、可再生能源、核能、碳汇等关键技术；推进重点行业低碳技术综合示范，支撑产业绿色转型发展。

到 2030 年，支撑碳达峰的关键技术达到国际先进水平，有力支撑碳达峰目标实现；支撑碳中和的科学原理和关键技术取得重大突破，为碳中和目标提供科技储备和解决方案。提出并验证一批原创性新原理和颠覆性技术；构建以新能源为重点的多能融合技术体系和生态系统增汇技术体系；形成重点行业低碳转型发展系统解决方案，为碳中和示范区提供系统性技术支撑。

到 2060 年，突破一批原创性、颠覆性技术并实现应用，有力支撑碳中和目标实现。为构建绿色低碳、循环发展的经济体系和清洁低碳、安全高效的能源体系，实现碳中和战略目标提供科学基础、关键技术和系统解决方案，碳减排和固碳增汇等技术达到国际领先水平。[1]

第五节　数字经济新时代的碳中和世界

比尔·盖茨在《气候经济与人类未来》一书中，给出了政府、企

[1] 张永生，巢清尘，陈迎，等.中国碳中和：引领全球气候治理和绿色转型[J].国际经济评论，2021（3）：9-26+4.

业和个人“零碳”指南，在书中他引用了一个关于鱼和水的故事，颇具深意。

这个故事很简单，却寓意深刻。两条小鱼在水里游，碰巧遇到一条迎面而来的年老的鱼。那条年老的鱼向两条小鱼打了招呼，然后问它们：“小朋友们，早上好，水怎么样啊？”两条小鱼听后并没有回答，继续游。过了一会儿，其中一条小鱼忍不住问另一条小鱼：“水到底是什么东西？”

就像这个故事里的小鱼对水的疑问一样，生活中，越是平常的、大家都拥有的东西，越容易被忽略。碳排放就是如此。虽然我们看不见、摸不着二氧化碳，但人们生活中使用的大部分东西都会产生碳排放，不仅是汽车、炉子，还有人们使用的所有电器，在生产过程中都会产生碳排放。

那么，在未来的数字经济新时代，碳中和世界会是什么样的呢？如果未来实现了碳中和，人们所使用的东西是不是都无法再生产？答案是否定的。

事实上，人类文明发展所依赖的是生产力的发展，是技术和经济的进步，所需要的是能源，而不是碳排放，而且，解决能源问题也是有途径的，如果能将能源需求从化石能源转为可再生能源，问题就迎刃而解。在实现碳中和的过程中，人类的能源使用量并不会下降，反而会随着人口的增加和生活水平的提高而上升。因此，人们所使用的东西不会无法再生产，人类不会倒退回没有空调、没有暖气、没有电视、没有电脑、没有手机，甚至没有电的时代。

那么，碳中和的世界和现在相比有什么不同？

不仅不同，而且会更美好。

按照目前碳中和的总体路径，未来碳中和世界的终端能源是电能，电能是与数字化、信息化和智能化协同性最好的能源，因此，数字经济新时代下的碳中和世界，人们的生活将更加便捷、舒适。

从交通角度讲，未来的汽车将成为“永动机”。所谓“永动机”，是指高度数字化的汽车。现在很多电动汽车车主有“里程焦虑”，害怕找不到充电桩。未来，充电桩将会消失，新技术将使所有电动汽车可以根据自身电力情况随时随地自动充电。里程焦虑不复存在，交通工具的碳排放将被解决。

我们再走近家庭，去看看碳中和时代的厨房。碳中和时代，天然气灶、煤气灶已经退出了历史舞台，取而代之的是一系列全自动“电热锅”，它可以根据主人的需求煎、炒、烹、炸、蒸、煮、炖。数字化使厨房的一切都变得简单起来，只要你发出指令，“电热锅”就可以自动调节温度和时间，为你烹饪美味佳肴。

我国目前每年城市燃气用量1000亿立方米左右，产生的碳排放为2亿吨，约占全国总排放的2%。减少这2%的碳排放正逐步落地，电力已经是非常成熟的技术，城市的许多公共食堂都采用了电炒锅。

而且，未来的“电热锅”并不会因为用电供能就使食物的美味大打折扣，相反，如同如今层出不穷的厨房设备带给人们各种各样的惊喜一样，未来的“电热锅”必定会给所有家庭带来清洁、方便和美味。

接下来就是家用电器。数字新经济时代，家用电器必然会在零碳的基础上更加人性化，“随手关灯”已经成为历史，所有家电都具备自动感应功能，从而实现自动开关，节能已经成为每一种产品的基础功能。

最后就是购物。现在很多人在购买食物的时候，都会关注食品的热量，在未来的碳中和世界，人们关注的不再是热量，而是碳足迹。也就是说，商品的碳排放信息会像食品的营养成分表一样公开在商品的醒目地方。消费者将倾向于购买低碳产品，商家还会给选择购买低碳产品的消费者相应的优惠或者补贴。

数字经济时代的碳中和世界，数字化的应用节省了更多时间，这样人们可以去运动、健身，身体会更健康；因为低碳食品更安全、更卫生、更健康，人们的精力会更旺盛，工作效率会更高；因为整个世界更加透彻和明亮，人们的心情会更好，社会和谐度也会更高。

总之，数字经济时代的碳中和世界，必将是一个更加美好、更加先进、更加文明的新世界。

第二章
全面迈进数字经济新时代

第一节　什么是数字经济

按照国家统计局的《数字经济及其核心产业统计分类（2021）》［国家统计局（第 31 号）］文件中的定义，数字经济是指以数据资源作为关键生产要素、以现代信息网络作为重要载体、以信息通信技术的有效使用作为效率提升和经济结构优化的重要推动力的一系列经济活动。

数字经济是指一个经济系统，在这个系统中，数字技术被广泛使用并由此带来了整个经济环境和经济活动的根本变化。数字经济也是一个信息和商务活动都数字化的全新的社会政治和经济系统。数字经济的核心产业，是指为产业数字化发展提供数字技术、产品、服务、基础设施和解决方案，以及完全依赖于数字技术、数据要素的各类经济活动。企业、消费者和政府之间通过网络进行的交易迅速增长。数字经济主要研究生产、分销和销售都依赖数字技术的商品和服务。数字经济的商业模式本身运转良好，因为它创建了一个企业和消费者双赢的环境。[1]

作为经济学概念的数字经济，是人类通过大数据（数字化的知识与信息）的识别—选择—过滤—存储—使用，引导、实现资源的快速优化配置与再生、实现经济高质量发展的经济形态。数字经济作为一个内涵比较宽泛的概念，凡是直接或间接利用数据来引导资源发挥作用，推动生产力发展的经济形态都可以纳入其范畴。在技术层面，数字经济包括大数据、云计算、物联网、区块链、人工智能、5G 通信等新兴技术。在应用层面，“新零售”“新制造”等都是其典型代表。

数字经济是继农业经济、工业经济之后的主要经济形态，是以数据资源为关键要素，以现代信息网络为主要载体，以信息通信技术融合应用、全要素数字化转型为重要推动力，促进公平与效率更加统一的新经济形态。数字经济发展速度快、辐射范围广、影响程度深，正推动生产方式、生活方式和治理方式深刻变革，成为重组全球要素资源、重塑全球经济结构、改变全球竞争格局的关键力量。

2022 年 3 月，新华社联合百度发布《大数据看 2022 年全国两会关注与期待》，数字经济在热点话题榜单上位列第五。

自人类社会进入信息时代以来，数字技术的快速发展和广泛应用衍生出数字经济。与农耕时代的农业经济及工业时代的工业经济大不

[1] 《数字经济及其核心产业统计分类（2021）》国家统计局令（33 号）。

相同，数字经济是一种新的经济、新的动能、新的业态，引发了社会和经济的整体性深刻变革。

现阶段，数字化的技术、商品与服务不仅在向传统产业进行多方向、多层面与多链条的加速渗透，即产业数字化，而且在推动诸如互联网数据中心建设与服务等数字产业链和产业集群的不断发展壮大，即数字产业化。中国重点推进建设的5G网络、数据中心、工业互联网等新型基础设施，本质上就是围绕科技新产业的数字经济基础设施，数字经济已成为驱动中国经济实现又好又快增长的新引擎，数字经济催生的各种新业态，也将成为中国经济新的重要增长点。

通过不断升级的网络基础设施与智能机等信息工具以及互联网—云计算—区块链—物联网等信息技术，人类处理大数据的数量、质量和速度的能力不断增强，推动人类经济形态由工业经济向信息经济—知识经济—智慧经济形态转化，极大地降低社会交易成本，提高资源优化配置效率，提高产品、企业、产业附加值，推动社会生产力快速发展，同时为各国家实现超越性发展提供了技术基础。数字经济是工业4.0或后工业经济的本质特征，是信息经济—知识经济—智慧经济的核心要素。正是得益于数字经济提供的历史机遇，中国才在许多领域实现超越性发展。

第二节　中国数字发展政策

自 2015 年以来，为推动数字化经济发展，有关数字化转型与发展数字经济的政策不断落地，下面是 2015—2022 年我国数字经济行业发展的部分政策。

2015 年 11 月，《中华人民共和国国民经济和社会发展第十三个五年规划纲要》发布，实施国家大数据战略，推进数据资源开放共享。

2017 年 10 月，党的十九大报告指出，加强应用基础研究，拓展实施国家重大科技项目，突出关键共性技术、前沿引领技术、现代工程技术、颠覆性技术创新，为建设科技强国、质量强国、航天强国、网络强国、交通强国、数字中国、智慧社会提供有力支撑。

2019 年 8 月，《国务院办公厅关于促进平台经济规范健康发展的指导意见》（国办发〔2019〕38 号）发布，首次从国家层面对发展平台经济作出全方位部署，提出要依法查处互联网领域滥用市场支配地位限制交易、不正当竞争等违法行为，重点强调严禁平台单边签订排他性服务提供合同，针对互联网领域价格违法行为制订监管措施等要求。

2019 年 10 月，《国家数字经济创新发展试验区实施方案》发布，在河北省雄安新区、浙江省、福建省、广东省、重庆市、四川省等地启动国家数字经济创新发展试验区创建工作。通过近 3 年的探索，数字产业化和产业数字化取得显著成效。明确将数据作为一种新型生产要素纳入政策文件。提出加快培育数据要素市场，推进政府数据开放共享，提升社会数据资源价值，加强数据资源整合和安全保护。

2019 年 11 月，党的十九届四中全会指出，推进数字政府建设，加强数据有序共享，依法保护个人信息。

2020 年 3 月，《中共中央 国务院关于构建更加完善的要素市场化配置体制机制的意见》发布，提出大力培育数字经济新业态，深入推进企业数字化转型，打造数据供应链，以数据流引领物资流、人才流、技术流、资金流，形成产业链上下游和跨行业融合的数字化生态体系。

2020 年 4 月，《关于推进“上云用数赋智”行动 培育新经济发展实施方案》发布，提出在已有工作基础上，大力培育数字经济新业态，深入推进企业数字化转型，打造数据供应链，以数据流引领物资流、人才流、技术流、资金流，形成产业链上下游和跨行业融合的数字化生态体系，构建设备数字化—生产线数字化—车间数字化—工厂数字化—企业数字化—产业链数字化—数字化生态的典型范式。

2020年7月，《关于支持新业态新模式健康发展　激活消费市场带动扩大就业的意见》（发改高技〔2020〕1157号）发布，提出培育产业平台化发展生态、加快传统企业数字化转型步伐、打造跨越物理边界的“虚拟”产业园和产业集群、发展基于新技术的“无人经济”。

2021年8月，《北京市关于加快建设全球数字经济标杆城市的实施方案》发布，这是全球首个数字经济标杆城市发展“蓝图”。该方案明确了北京市加快发展数字经济的战略规划，打造引领全球数字经济发展的“六个高地”，到2030年建设成为全球数字经济标杆城市。

2021年12月，《“十四五”数字经济发展规划》发布，提出了到2025年，数字经济核心产业增加值占国内生产总值比重达到10%，数据要素市场体系初步建立，产业数字化转型迈上新台阶，数字产业化水平显著提升，数字化公共服务更加普惠均等，数字经济治理体系更加完善。展望2035年，力争形成统一公平、竞争有序、成熟完备的数字经济现代市场体系，数字经济发展基础、产业体系发展水平位居世界前列。

第三节　数字经济带来的新机遇和新挑战

在规范健康发展的政策基调下，中国数字经济将迎来全新发展机遇：

（1）以“东数西算”为代表的数字新基建，将以更高的市场参与度强化战略布局。通过重大专项、税收优惠、金融支持、政府采购等政策，支持集成电路、工业软件等领域“卡脖子”难题的突破创新；加快产业数字化进程，特别是数字政府与智慧城市、九大产业与十大装备的工业数字化变革领域；数字消费从文娱电商向医疗教育领域拓展，实现社会服务再升级。

（2）数字经济的定位是畅通供给，丰富需求。数字化改造和善用数据要素将打破时空限制，延伸产业链条，从而畅通经济循环。数字经济具有高创新性、强渗透性、广覆盖性的特点，能够助力经济转型和改革深化。同时，数字产业化和产业数字化均创造了大量的经济增量，是高质量发展的重要组成部分。其中，既包括以 ICT 行业为核心的数字产业蓬勃发展，也包括数字零售、数字支付等大量数字化消费升级。

总的来说，数字经济是科技创新和扩大内需双重任务下的重要一环。

从科技创新角度来看，数字化是第四次工业革命的核心特征，与创新驱动发展的国家战略相匹配；从前沿研究的角度来看，数字化是量子计算、量子通信、神经芯片、DNA 存储，信息科学与生命科学、材料等基础学科的交叉创新；从“卡脖子”环节的突破来看，数字化是高端芯片、操作系统、人工智能关键算法、传感器等关键领域的突破；从战略性新兴产业蓬勃发展来看，数字化促进了人工智能、大数据、区块链、云计算、网络安全等数字产业，以及通信设备、核心电子元器件等先进制造业的发展。

从扩大内需角度来看，数字技术将为农业、工业、服务业赋能，成为全面促进消费、拓展投资空间的关键；数字消费的进一步升级扩容，使蓬勃发展的电子商务、移动支付、网络娱乐（游戏、社交、视频等），逐步向教育、医疗、文化等新生活场景演进，借助数字化，服务业的特征正在发生变化。同时，数字基础设施成为新基建的重要一环，建设高速泛在、天地一体、集成互联、安全高效的基础设施等都将获得巨大发展，重点包括 5G 网络、光纤通信、IPv6、物联网、大数据中心等。数字场景在社会的迅速普及，也使得智能化、数字化转型加快，产业数字化空间巨大，数字农业与工业物联网、智慧城市与数字乡村、数字政务与数字政府、数字物流与数字贸易将得到快速发展。

在数字产业化稳步前进的同时，中国产业数字化开展顺利。按照国内习惯，数字经济可以分为数字产业化和产业数字化两部分。数字产业化指的是数字及相关技术的产业化应用，主要包括电子信息制造业、电信业、软件和信息技术服务业、数据服务业等。《“十四五”数字发展规划》明确提出，我国数字经济发展正面临一些问题和挑战：关键领域创新能力不足，产业链供应链受制于人的局面尚未根本改变；不同行业、不同区域、不同群体间数字鸿沟未有效弥合，甚至有进一步扩大的趋势；数据资源规模庞大，但价值潜力尚未充分释放；数字经济治理体系需进一步完善。

总的来看，“十四五”数字经济目标基本涵盖了数字产业化、数字基础设施、产业数字化转型、数字政府与数字治理、传统数字消费（电商）等多方面，指明了数字经济发展的方向。

第四节　布局新产业，开发新资源

在数字经济稳步发展的同时，数字产业化和产业数字化蓬勃发展，数字经济布局新产业，开发新资源，主要体现在以下四个方面。

第一，产业数字化提速。其中，“政务服务 + 工业升级”是亮点；数字政府、智慧城市是打造智慧政务服务、争当数字改革排头兵的重要举措。

数字政府是运用数字技术和发挥数据价值，实现政务机构业务与组织的链接、赋能、协同与重构，是提升国家治理能力现代化和推进服务型政府建设的重要抓手。一方面，数字政府要求利用数字技术深入挖掘政务大数据价值，建设完善基础信息资源库和经济治理基础数据库；另一方面，数字政府要求构建跨地区、跨层级、跨部门和跨领域的“四跨”大平台，形成全国统一的国家电子政务网络体系和国家政务服务平台。总的来讲，数字政府是提升国家治理能力现代化和推进服务型政府建设的重要抓手。

近年来，我国数字政府支持政策密集出台。中央层面，2019 年 7 月，《国务院关于加快推进全国一体化在线政务服务平台建设的指导意见》（国发〔2018〕27 号）提出，2022 年年底前，全国范围内政务服务事项基本做到标准统一、整体联动、业务协同；2021 年 12 月，国家发展改革委发布《"十四五"推进国家政务信息化规划》，统筹推进国家政务信息化工作；2022 年 4 月，《国务院关于加强数字政府建设的指导意见》（国发〔2022〕14 号）强调加强数字政府建设是创新政府治理理念和方式的重要举措。地方层面，江苏、浙江、广东、湖南、湖北等省份纷纷出台数字政府建设相关政策文件。各项政策密集出台，加速数字政府建设进程。

在《"十四五"推进国家政务信息化规划》中明确提出了以下目标要求。

（1）数据库建设方面。一是升级完善基础信息资源库，包括国家人口、法人、自然资源和地理空间四大领域，不仅要完善数据，更要强化数据服务能力和保障数据安全；二是建设经济治理基础数据库，基于各部门数据资源，建立健全经济治理数据指标体系，包括经济监测预警、经济景气分析等，明确数据交换格式与标准，提升宏观经济治理水平。

（2）大平台建设方面。涵盖"全国统一""智能化""数据共享”“服务融合”四大要求。其中，“全国统一”指的是国家电子政务网络体系全面实现跨地区、跨层级、跨部门和跨领域；“智能化”指的是构建“数网云”智能政务云平台体系，具备满足云计算、大数据等新技术应用需求；“数据共享”指的是政务平台数据在中央与地方、内网与外网之间可进行交换，数据安全保障是重中之重；“服务融合”指的是对外的国家政务服务平台建设，政务事项全面实现“一网办”。❶

除此之外，《“十四五”推进国家政务信息化规划》还要求数字政府在应用领域围绕党的工作、依法治国、经济治理、市场监管、公共安全、环境保护等方面进行信息化、智能化建设。

第二，数字消费方面，从传统娱乐扩大到医疗教育。数字消费助力扩大内需，娱乐及社会服务再升级成两大看点。

数字消费是消费扩容升级的重要着力点，传统娱乐和社会服务的再升级是重点发展方向。在数字经济时代，消费市场和大数据、云计算、人工智能等数字技术不断深度融合。历经电商、移动支付、短视频、手游等移动互联网典型场景爆发式的发展后，智能手机普及、人口基数等带来的红利逐渐消退，移动互联网上半场逐渐落幕。在智能化浪潮下，XR、虚拟数字人、3D 建模等技术开始渗透人们的衣食住行，正式开启移动互联网的下半场。主要包括两大发展方向：一是传

❶ 《全国一体化政务大数据体系建设指南》（国办函〔2022〕102 号）。

统娱乐的再升级，聚焦在文娱消费等。二是社会服务的再升级，聚焦在与人民生活息息相关的医疗、教育等行业。

第三，数字教育方面，软件应用或成逐鹿新阵地。教育信息化符合教育领域公平化、高效化的基本思想。教育信息化是指在教育领域运用现代信息技术促进教育改革的过程，能够有效提升教学效率与教育公平。相关产品既包括投影仪、智慧黑板、电子白板等硬件设备，又包括教研管理系统、考试测评系统、家校互动系统等软件设备。教育公平历来是社会公平的“稳定器”和“压舱石”，强调提升教育信息化应用水平体现了共同富裕背景下教育领域公平化、高效化的客观需求。

第四，数字医疗方面，政策框架已经建立，需要自下而上地探索落地实施。

2018 年是数字医疗发展元年，自此远程诊疗、互联网诊疗、互联网医院等获得了很好的应用。早在 2015 年，我国已经积极推进“互联网 +”行动，探索数字医疗道路。随着《关于促进“互联网 + 医疗健康”发展的意见》《互联网诊疗管理办法（试行）》《互联网医院管理办法（试行）》等文件的相继出台，相关支持政策逐渐明晰。《关于促进“互联网 + 医疗健康”发展的意见》中提出，允许依托医疗机构发展互联网医院、在线开展部分常见病、慢性病复诊等，针对在公共卫生服务、家庭医生签约、药品供应、医疗保障结算等方面如何实现数字化提出意见。

目前，互联网医院主要有两种形式：一是实体医院主导型，即大型实体医院自主建立的互联网医院。二是互联网企业主导型，即实体医院入驻互联网平台进行在线诊疗。

第五节　数字经济与碳中和的联系与挑战

数字经济是新一轮科技和产业变革催生的新经济形态，通过数字技术赋能“双碳”相关产业转型升级和新业态发展，有助于加快实现碳达峰碳中和战略目标。

当前，数字赋能零碳化的长期性与“双碳”目标的艰巨性并存、数字化创新活跃领域与碳减排关键领域匹配不够、数字基建发展不均衡、数字经济发展韧性不足等挑战制约着“双碳”目标的推进，但如果通过狠抓制度设计、强化数字化创新应用、促进新型基础设施均衡发展、提升数字经济韧性等措施，全力打造数字经济与“双碳”目标相融合、互促进的良性局面，就能助推“双碳”目标的有效实施。

首先，当下数字赋能零碳化的长期性与“双碳”目标艰巨性并存。

推进经济社会发展“低碳化”“零碳化”是高质量绿色发展的重要目标，这同样是数字经济发展所追求的，成为实现数字经济健康可持续发展的重要衡量因素。然而，部分地方将数字经济当作推进“双碳”目标的“灵丹妙药”，在产业降碳中广泛贴上“数字经济”标签，尽管初衷较好，但并没有意识到数字经济本身也是碳排放的重要来源。有的地方甚至将数字经济直接归为“低碳”甚至“零碳”一族，加速布局和发展“三新”经济，这种运动式的盲目扩张忽视了数字经济是建立在电力资源消耗的基础上。事实上，数字经济并不一定零碳。

例如，云计算、区块链、数据中心等运行要耗费各种资源，带来较多碳排放。同时，数字产品和设备的生产也无法做到零碳化，对零碳概念理解的片面性容易将数字经济视作实现零碳目标的“普适良药”。尤其是如果在“双碳”监督考核内容上“一刀切”，就很容易引发低效投资、资源配置失衡，甚至可能带来经济波动的风险。

其次，数字创新活跃领域与碳减排关键领域匹配不够，影响“双碳”进程。

数字化转型与创新为“双碳”目标的实现提供强大牵引力，通过引领“三新”经济，在降低碳排放的同时提升绿色全要素生产率；而“双碳”行业转型和新产业兴起，客观上要求数字经济不断进行新技术的开发和迭代创新。当前，我国数字化减碳应用场景在三次产业中的渗透水平和程度不一，其中在工业和农业上的渗透率要明显低于服务业，但是我国的碳排放主要集中于第一产业和第二产业，所以，减排潜力也要聚焦在第一产业和第二产业。

同时，应用场景的相对单一和数字技术的供给不匹配，使我国第一产业和第二产业脱碳零碳技术的迭代步伐放慢，增大了数字化降碳的创新成本和压力。

再次，数字基建发展不均衡，干扰降碳步调。

数字基建是推动数字经济与“双碳”目标融合的“先行官”。当前，国家逐步优化数字基建布局和全国算力，贵州、内蒙古、甘肃、宁夏等省（自治区）的数据中心已应用到“双碳”目标推进中。但整体上“双碳”数字基建的发展还不协调匹配。

例如在地域上，西部地区可再生能源富集、气候适宜，发展绿色数据中心潜力较大，但也存在带宽小、数据跨省传输费用高等短板，使其无法及时有效地满足东部需求；东部地区的数字基建带来了高增长的电力需求和高能耗指标的矛盾，大规模发展新基建势必对其他产业产生一定的挤出效应。

在企业层面，头部科技企业更能充分利用数字基建布局抢占赛道、占领市场，而众多中小微企业数字革新压力大，在头部企业面前话语权较弱，可能成为碳转嫁的被动接收方，在生产运营过程中可能释放出更多二氧化碳，影响降碳减排的总体进程。

最后，数字经济发展韧性不足，影响为“双碳”稳定赋能。

“双碳”目标的实施需数字经济有安全稳定持久的赋能能力，这需要数字经济产业发展具备较强韧性。

此外，受部分行业数据兼容性不够、存储规范性不强、标准化不一等因素的影响，碳数据资源交互流动不畅，增大了碳排放中的数字核算和数字监管难度，既限制了数字经济的韧性，又放慢了数字赋能“双碳”目标的步伐。[1]

---

[1] 赵志耘，李芳.碳中和技术经济学的理论与实践研究[J].中国软科学，2021（9）：1-13.

第三章
数字经济助力碳中和

第一节　数字新经济如何助力实现碳达峰和碳中和

当前，我国正在全面迈进数字经济新时代，产业数字化、数字产业化进程方兴未艾，数字经济新技术、新产品、新业态不断涌现，深刻改变了我们的生产和生活方式。《中共中央关于制定国民经济和社会发展第十四个五年规划和二〇三五年远景目标的建议》提出，加快数字化发展。发展数字经济，推进数字产业化和产业数字化，推动数字经济和实体经济深度融合，打造具有国际竞争力的数字产业集群。数字经济有助于提高整个社会的信息化、智慧化水平，提高资源配置效率，总体有利于减少碳排放，尽早实现碳达峰、碳中和。

从数字经济助力碳减排的角度来看，政府和企业应该同时发力，协同助力碳达峰、碳中和。

首先，政府应完善平台建设。

（1）加快数字城市建设。城市及和城市相关建筑占全球能源需求的65%，通过加快数字城市建设，可以大大提高城市的运行效率，减少碳排放。通过将连接设备、网络、云端、数据分析、机器学习和移动应用程序植入城市建筑和城市基础设施中，可以提高城市的感知力和智慧化运营水平，减少能源消耗和碳排放。具体包括，通过智慧交通建设显著减少城市拥堵现象的发生；通过智能照明、智能空调等设备减少耗能设备的无效运转；通过城市智能能源系统建设，如分布式光伏电站、智能电网等，提高城市能源的自给能力，减少能源浪费。

（2）推进生态资产数字化。在推进生态产品价值实现机制建设中，生态产品价值实现的基础是生态服务功能的维持和增强。因此，应加强对生态产品数量、质量的监测，并提高其信息化水平。赋予每一生态产品以数字身份，便于对其进行跟踪和管理。建立相关的生态产品信息平台，对其面积、数量、质量、权属等进行跟踪监测，实现生态价值实时核算，动态更新。对于能够进入市场交易的生态产品，如生态农产品、森林碳汇等，建立和完善交易平台，方便供需对接，提高交易效率。通过信息化建设打通生态产品价值与自然资源资产负债表、国土空间规划、生态文明建设绩效评价等相关制度之间的联系。通过生态资产数字化为生态产品价值实现创造条件，激发绿色经济活力。

（3）完善碳排放信息管理系统。在碳达峰、碳中和背景下，未来涉及碳排放的企业都需要对自己的碳排放数据进行管理，建立以企业为单位的碳排放信息系统。这一系统应具有的功能：一是实时监测企业的碳排放情况，形成碳排放报表；二是要具有统计分析、查询、预测、预警和决策支持功能；三是碳交易功能，企业可以通过信息系统买入和卖出碳指标。同时，通过人工智能对获取的大数据进行分析，金融机构可以直接勾画出整个企业的碳足迹，估算出其真实减排力度。

其次，企业要从自身出发积极参与。对于数字经济企业而言，亟须从自身出发积极参与到碳达峰、碳中和工作中，主要做法如下。

（1）数字企业应尽力减少自身的碳排放。尽管大部分数字产业绿色化水平较高，但也有一些属于高耗能之列，特别是大数据中心和 5G 基站。数字产业应通过技术创新的手段尽可能减少自身的能源消耗和碳排放。国内外一些企业已经开始相关探索。比如，谷歌自行开发了高能效制冷系统，使数据中心的耗能量降到了行业平均值的一半。

（2）数字企业应率先实现自身的碳中和。当前，很多钢铁、电力等企业已经提出了碳达峰、碳中和时间表，数字企业更应积极行动，率先实现碳中和。比如，微软宣布将在 2030 年之前实现碳中和，并在 2050 年消除公司自 1975 年成立起所排放的碳总量。为了实现这个目标，微软不仅通过购买可再生能源电力以满足数据中心的日常电力需求，还提出在 2030 年前用低碳燃料，如氢气取代柴油发电机等作为数据中心的备用电源。腾讯公司在2021年年初提出了碳中和目标，并以数据中心提效、智慧能源、智慧交通、绿色农业等为抓手积极推进。蚂蚁集团也提出了碳中和承诺，预计在2030年达成目标。

（3）数字企业参与森林碳汇建设。通过植树造林增加森林碳汇，是企业履行社会责任、削减温室气体的重要途径，这不仅有利于树立企业的正面形象，也具有实实在在的经济效益和社会效益。支付宝“蚂蚁森林”的做法具有一定代表性。“蚂蚁森林”将公众选择绿色生活方式减少的碳排放量计算为虚拟的“绿色能量”，在“蚂蚁森林”里养大一棵棵虚拟树。待虚拟树长成后，“蚂蚁森林”和公益合作伙伴就会在荒漠化地区种下一棵真树。通过这种方式，“蚂蚁森林”极大地调动了支付宝用户的减碳热情。

（4）数字企业可为碳减排研究提供资金支持。目前，碳捕集、碳封存、碳利用等技术还不成熟，亟须加大研究力度。依托数字产业利润水平总体较高的现实基础，相关企业可通过项目资助、设立基金等方式支持相关技术研究。

最后，政府企业应协同发力。从数字化技术助力绿色化转型，推动我国碳达峰、碳中和目标实现的角度出发，政府和企业应协同发力，重点加强以下工作。

（1）开展大数据中心和5G基站节能技术研究。大数据中心和5G

基站是我国重要的新基建项目，对于我国数字经济建设意义重大，但能耗问题突出。随着大数据中心和5G基站建设力度的加大，应加快对相关节能技术的研究和推广工作进度，使数字经济成为真正的绿色经济。

（2）开展能源互联网相关技术研究。我国新能源领域“弃光”“弃风”问题仍然存在。基于数字经济，通过传感器实时采集电源点和电网运行数据，然后利用迭代算法预测系统运行状态，可以提高整个电力系统的智能化水平，大幅降低停机频率和维护成本。因此，应大力加强能源互联网相关技术研究，实现多种能源协同互补。

（3）开展智慧办公系统开发研究。办公系统的智慧化对于节能减排意义重大。比如，实现办公环境智能化、推广远程办公、推进智慧政务等，可以减少无效能耗，并节省通勤时间和通勤成本。在这方面，需要建设OA系统、远程会议系统，开展数据传输过程中的信息安全保障研究等。

第二节　我国应对气候变化的数字化战略

我国应对气候变化提出了一系列数字化战略。2022年6月13日，生态环境部、国家发展和改革委员会、国家能源局等 17 部门联合印发《国家适应气候变化战略 2035》（环气候〔2022〕41 号，以下简称《战略》）。《战略》明确提出提高能源行业气候韧性。重点针对高温、冰冻、暴雨等极端天气气候事件，开展气候变化对能源生产、运输、存储和分配的影响及风险评估。根据气候资源和能源需求变化，优化能源结构和用地布局。加强极端天气气候事件下输配电系统的保护和应急调度，强化电力设备监测和巡视维护，推动储能、智能电网和数字化等技术应用，完善应急预案体系，提高电力基础设施安全风险预测预警、防御应对和快速恢复能力。

关于我国应对气候变化的数字化战略的相关实施措施，《战略》中有明确的表达。

加强财政金融支撑，完善财政金融支持政策。构建有利于应对气候变化的财政政策体系。通过碳减排支持工具引导金融机构扩大绿色资金投放范围。引导银行、证券、保险、基金等商业性金融机构投资气候适应项目建设。加快研究制定转型金融标准，推动金融体系对气候变化目标做出系统性响应。

推动绿色金融市场创新。鼓励发展具有可持续发展潜力的挂钩债券、巨灾保险、重点领域气候风险保险等创新型产品，发挥金融市场提供适应气候变化资金的积极作用。完善多元化资金支持适应气候变化机制，引导创业投资基金、私募股权投资基金、信托基金等市场资源，争取国际资金及双边或多边合作的贷款和赠款，投资适应气候变化领域。

构建气候投融资保障体系。开展气候投融资地方试点，建立气候投融资项目库，推动气候投融资模式机制创新。发挥国家产融合作平台作用，引导金融机构精准对接企业融资需求。构建适应投融资保障体系，建立气候风险防范化解机制，强化气候适应数据统计和信息披露。

《战略》还提出，强化科技支撑，加强基础科研。组织开展中长期气候变化情景预估和预研究，改进气候变化观测和重建数据质量，精确刻画模拟气候变化关键过程和趋势。系统开展适应气候变化基础研究，加强气候变化监测预警、影响分析和风险评估、脆弱性与适应能力评估等重大问题研究，加强适应气候变化相关标准的研究。

加快技术研发推广，加强适应气候变化关键技术研发，推进适应技术集成创新，熟化适应核心技术，构建分领域、分产业、分区域的适应气候变化技术体系。强化适应气候变化技术成果转化平台建设，开展适应气候变化示范技术遴选，促进适应技术的转化和推广。开展基于未来长期气候变化情景的适应技术预研究，进行必要的技术储备

强化科技资源配置。加强重点行业与区域适应气候变化科技资源协同

共享，提升科研基础设施和科技平台建设水平，强化适应气候变化科技资源长期性、稳定性、基础性支撑。加强国际、区域间适应气候变化科技交流，推动经验借鉴与信息共享。[1]

应对气候变化是全人类共同的事业，实现碳达峰、碳中和是一场广泛而深刻的经济社会系统性变革，要把碳达峰、碳中和纳入生态文明建设整体布局，拿出抓铁有痕的劲头，如期实现于2030年前碳达峰、2060年前碳中和的目标。

在经济发展中必须坚持生态优先、绿色发展，推进资源总量管理、科学配置、全面节约、循环利用，协同推进经济高质量发展和生态环境高水平保护。顺应新一轮科技革命和产业变革趋势，推进数字经济低碳科技创新，深化工业、建筑、交通等领域和公共机构节能，推动5G、大数据中心等新兴领域能效提升，实施能量系统优化、节能技术改造等重点工程。坚决遏制高耗能、高排放项目的盲目发展，壮大节能环保、清洁生产、清洁能源、生态环境、基础设施绿色升级、绿色服务等产业，推动绿色转型，实现高质量发展。倡导简约适度的消费模式、绿色低碳的出行方式、垃圾分类的行为习惯，提升社会文明水平，积极营造绿色低碳的生活新风尚。

[1] 《国家适应气候变化战略2035》（环气候〔2022〕41号）。

第三节　我国碳达峰和碳中和的目标

我国力争于2030年前实现碳达峰、2060年前实现碳中和，是党中央经过深思熟虑作出的重大战略决策，事关中华民族永续发展和构建人类命运共同体。

二氧化碳排放达峰，主要表现为二氧化碳排放总量达到峰值后不再增长，开始逐步下降。碳中和则需要在特定时期内实现人为温室气体排放量与去除量达到平衡。从碳达峰到碳中和，发达国家过渡期少则45年，长则70年。而我国作为一个发展中国家，力争在30年左右的实现，无疑需要付出艰苦卓绝的努力。这彰显了中国重信守诺、为全球应对气候变化做出更大贡献的大国担当，向世界释放出中国坚定走绿色低碳发展道路的积极信号，将极大提振国际社会共同实施《巴黎协定》的信心和定力，为各国携手应对挑战、共同保护好人类赖以生存的地球家园贡献中国力量。

实现碳达峰、碳中和是我国可持续发展的内在要求，中国正以实际行动推动绿色发展。2021 年，《国务院关于加快建立健全绿色低碳循环发展经济体系的指导意见》（国发〔2021〕4 号）为我国绿色发展设计了“总蓝图”、设定了分阶段目标。提出坚定不移贯彻新发展理念，全方位全过程推行绿色规划、绿色设计、绿色投资、绿色建设、绿色生产、绿色流通、绿色生活、绿色消费，使发展建立在高效利用资源、严格保护生态环境、有效控制温室气体排放的基础上，统筹推进高质量发展和高水平保护，建立健全绿色低碳循环发展的经济体系，确保实现碳达峰、碳中和目标，推动我国绿色发展迈上新台阶。

总体目标如下：到 2025 年，产业结构、能源结构、运输结构明显优化，绿色产业比重显著提升，基础设施绿色化水平不断提高，清洁生产水平持续提高，生产生活方式绿色转型成效显著，能源资源配置更加合理、利用效率大幅提高，主要污染物排放总量持续减少，碳排放强度明显降低，生态环境持续改善，市场导向的绿色技术创新体系更加完善，法律法规政策体系更加有效，绿色低碳循环发展的生产体系、流通体系、消费体系初步形成。到 2035 年，绿色发展的内生动力显著增强，绿色产业规模迈上新台阶，重点行业、重点产品能源资源利用效率达到国际先进水平，广泛形成绿色生产生活方式，碳排放达峰后稳中有降，生态环境实现根本好转，美丽中国建设目标基本实现。[1]

第四节　碳中和与数字新经济的发展

鉴于数字经济和“双碳”目标融合的长期性，需统筹全局，深刻认识到先稳住碳排放存量、严控增量，然后向“零碳”平稳过渡的减碳顺序。发挥“双碳”目标对数字经济减碳行动的纠偏作用，加速数字化变革进程。大力推进数字核算和标准体系建设，防范运动式“减碳”带来去产能的过度化和经济秩序出现波动失衡。推动形成“政、产、学、研、民”协同共进的跨界融合工作机制，优化各类要素和资源配置，积极应对数字化赋能绿色转型发展过程中可能伴生的社会经济风险，确保平稳降碳。

当下亟须进一步抓好“十四五”关键期和窗口期，围绕能源、工业、交通运输、农业、城乡建设等节能减排关键领域加快创新步伐。

加快推进高水平科技自立自强，通过“揭榜挂帅”改革开展突破

[1] 张希良，黄晓丹，张达，等.碳中和目标下的能源经济转型路径与政策研究[J].管理世界，2022，38（1）：35-66.

式创新，提升数字绿色技术创新水平。推进低碳数字孪生计划，加快5G、大数据、人工智能、区块链、云计算等新型信息技术在各行业的融合应用，增强全场景数字化发展活力。推动能源电商、智慧车联网等与前沿技术的融合，加快形成以数字化新型电力系统为核心的能源互联网产业生态圈建设。建立健全碳达峰、碳中和标准计量体系，加强与国际标准衔接，完善碳排放数字化管理与应用。抢抓技术迭代机遇，推动工业和农业领域“脱碳”“零碳”数字技术突破，繁荣数字化应用场景，壮大“双碳”目标主战场。

通过一系列的努力，最终推动面向“双碳”的数字基建均衡发展。全力构筑绿色数字基建，提高“零碳”数据中心、工业互联网等数字基础设施建设的平衡性和协调性。加大中西部城乡和农业产业数字基建的投资力度，扩大同数字化赋能“双碳”目标实施的普惠路径。推进中小微企业数字化转型，推动工业互联网等信息技术赋能“降碳”，并支撑各类资源高效利用。加快推进企业绿色低碳转型的改革，持续升级完善绿色发展激励机制，鼓励头部企业争当减排或零排放先锋，主导数字赋能绿色发展前沿阵地，进而实现企业可持续发展。

通过一系列的努力，提高数字经济韧性来保障“双碳”目标执行。锤炼数字化降碳自主核心技术，巩固数字与低碳科技创新基石。充分激活数据资源和数字技术生态潜能，增强数字化与“双碳”目标协同发展韧性，探索打造国家“双碳”标杆产业园区工作机制，加快推进国家数字经济创新发展试验区建设，加快形成具有国际竞争力的数字产业集群。

总之，我们要坚守数据和网络信息安全保障底线，加快构建数字应急产业生态体系。推进碳排放数据确权和分类分级管理，畅通数据开放和共享技术渠道，实现碳排放的数字化核算和监管。

第四章
碳中和数字化发展之路

第一节 《巴黎协定》与国际数字经济的发展

《巴黎协定》是由全世界178个缔约方共同签署的气候变化协定，是对2020年后全球应对气候变化的行动的统一安排。《巴黎协定》的长期目标，是将全球平均气温较前工业化时期上升幅度控制在2℃以内，并努力将温度上升幅度限制在1.5℃以内。

《巴黎协定》于2015年12月12日在第21届联合国气候变化大会（巴黎气候变化大会）上通过，于2016年4月22日在美国纽约联合国大厦签署，于2016年11月4日起正式实施。

这是继《京都议定书》后的第二份有法律约束力的气候协议。按规定，《巴黎协定》将在至少55个《联合国气候变化框架公约》缔约方（其温室气体排放量占全球总排放量约55%）交存批准、接受、核准或加入文书之日后第30天起生效。

为了保护环境，应对气候危机，当前，世界主要国家都把数字经济作为发展重点，并且进行了有益探索，尤其在《巴黎协定》通过之后，各主要国家和地区的数字经济相关战略陆续深入实施，普遍运用互联网、大数据、人工智能等新一代信息技术赋能先进制造业，积极推进从生产要素到创新体系、从业态结构到组织形态、从发展理念到商业模式的全方位变革突破，持续催生个性化定制、智能化生产、网络化协同、服务型制造等新模式、新业态，推动形成数字与实体深度交融、物质与信息耦合驱动的新型发展模式。

数字经济治理层面上，在数字经济推动社会经济进步的同时也面临一些挑战。数字经济治理涉及国际国内的复杂体系，不仅包括政府对数字空间的管治，也包括网络上各种主体的治理行为。从未来发展看，需要协同政府、网民、平台、各种虚拟组织等各个主体之间的治理行为，推动数字经济“技治、法治、自治”三者的融合互动，使“工具 、法律、自律”三者达成统一，从而推动数字经济健康发展。而大数据、人工智能、云计算、5G 等新一代信息技术，将继续加深与治理体系的融合，优化升级治理结构和治理流程，提高治理效率，使治理活动更好地服务于社会经济发展和人民生活水平的提高。

第二节　数字化时代的碳排放构成

随着碳中和目标的正式提出，中国各省份陆续响应。在各省发布的政府工作报告中多次出现“碳达峰”“碳中和”等关键词。碳中和的目标不是一蹴而就，而是分地区、分行业、分时段来实现。目前，距离实现碳达峰不足10年，从碳达峰到碳中和也仅有30年，该如何推进新气候目标的有效落地呢？

数字化时代的碳排放又是如何构成的呢？

碳排放的主要来源是化石燃料。化石燃料也称矿石燃料，是一种烃或烃的衍生物的混合物，包括的天然资源有煤、石油、天然气、油页岩、油砂以及海下的可燃冰等。化石燃料在燃烧过程中，碳转变为二氧化碳进入大气，增加了温室气体的排放量。煤炭、石油、天然气等化石燃料使用得最广泛，也是二氧化碳排放量的主要来源。其中，煤炭的含碳量非常丰富，煤炭的燃烧会排放大量的二氧化碳。

据有关单位计算，我国煤炭燃料排放的二氧化碳量占矿物燃料排放的二氧化碳量的 80% 以上，占中国温室气体总量的一半，甚至更多。

根据世界资源研究所的统计，中国碳排放主要来源于电力、建筑、工业生产、交通运输、农业等领域，其中，能源电力占比最大，为 40% 左右；其次是建筑领域，占比超过 20%；工业生产、交通运输、农业领域各占 5% ~ 10%。

我国碳排放构成主要集中在以下五个领域。

1. 电力领域

中国的能源禀赋总体呈现多煤、贫油、少气的特点，目前供电结构仍以燃烧煤炭的火力发电为主，导致电力领域碳排放量居高不下。据测算，在碳中和的目标下，2050 年中国非化石发电量占总发电量的比例需要超过 90%，燃烧煤炭发电比例则要降到 5% 以下。可见，电力领域要实现碳达峰、碳中和目标将面临巨大挑战。

2. 建筑领域

建筑领域碳排放的最大来源是建筑使用电力、热力导致的间接碳排放。因此，建筑的节能减排是实现建筑领域碳达峰、碳中和的最主要任务。建筑领域碳排放的另一个主要来源是建筑运行过程中的直接碳排放，包括炊事、生活热水、燃煤采暖等活动造成的碳排放。

3. 工业生产领域

工业领域近一半的碳排放来自生产水泥、钢铁、合成氨、化工等。主要包括三个方面：一是来自原料生产过程。例如，作为水泥生产原料的石灰石和合成氨过程中所用的天然气。二是来自工业生产中高温加热的燃料燃烧。例如，高炉炼铁所用的燃料。三是来自用于生产中间产品、低温供热等的化石燃料。

4. 交通运输领域

随着交通运输业的快速发展，我国交通领域的碳排放量持续上升。其中，公路交通所产生的碳排放量占我国交通领域碳排放总量的82%，是交通领域实现碳达峰、碳中和的重点。与公路交通相比，航空、船舶和铁路交通产生的碳排放量较小，但实现减排面临着较大的技术挑战。

5. 农业领域

农业领域的碳排放主要来源于包括生产过程在内的粮食系统，以及包括加工、分销在内的后农业系统。据测算，食品全行业排放的温室气体量约占全球排放量的26%。减少农业领域的碳排放是实现碳达峰、碳中和的最大挑战之一。

在数字化时代，调整能源结构，发展低碳的清洁能源，调整产业结构，是降低碳排放、实现碳中和的重要举措。一方面，通过大力发展数字经济、高新科技产业和现代服务业，抑制煤电、钢铁、建材等高耗能重化工业的产能扩张。同时，通过产业技术升级，推广先进节能技术，提高能效，实现技术节能。另一方面，通过加快发展新能源和可再生能源，优化能源结构。

第三节　实现碳中和的一些关键数字化技术

数字化如何影响碳排放？碳中和有哪些关键的数字化技术？

随着技术革新，数字技术对气候变化产生的影响不容小觑。

众所周知，建筑行业是有名的“能耗大户”，从上游的建筑材料供应到施工建设，再到楼宇的运营管理，都会消耗巨大的能量。建筑行业的信息化水平长期落后于其他行业，要实现建筑业的碳中和，就必须依赖建筑信息化技术、建筑智能化管理技术的提升。建筑企业要走上绿色转型之路，就要有一颗数字化、智慧化的工业大脑。在一些建筑企业里，构建数字化工厂成为碳中和的关键，数字化工厂实现了实时监测操控设备运转，水、煤、电的能耗因此大大降低。

除了传统行业的数字化改造，互联网科技企业也作出了气候承诺。

比如腾讯启动的碳中和计划。作为科技企业，腾讯更关注企业运营过程中对气候、水等自然环境的影响。腾讯加大探索以人工智能为代表的前沿科技在应对地球重大挑战上的潜力，大步推进科技在产业节能减排方面的应用。近年来，腾讯已经在腾讯滨海大厦和数据中心通过人工智能和云计算的方式来降低碳排放，充分布局研发节能技术，仅大厦的办公区采用的智能照明系统，每年就可节电上百万千瓦时。腾讯天津数据中心还根据余热回收原理研究节能应用方案，实现回收天津数据中心冬季全部余热后，能够大大减少冬季采暖季节的碳排放量。

在全球倡导绿色复苏和减少碳排放的过程中，所有企业都面临两大挑战——数字化转型和可持续发展。企业要想抢占先机、化挑战为机遇，应该努力将数字化技术转化为推动可持续发展的有力“武器”。

面对碳中和目标，有效的方法是提升新能源比例、提高能源使用效率、增加电力使用比例。无论是新能源发展还是改善电力结构都需要一个过程，会受制于行业发展现状。因此，通过数字化技术提升能源使用效率，对于大多数企业来说仍是实现可持续发展的最佳途径。

数字化不但提供了能源使用的衡量和分析工具，而且能够大幅提升效率，而效率的提升是可持续发展的基础。不仅如此，数字化还促进了新能源发展，无论是助力新能源大规模并网和消纳要求，还是支撑分布式能源的广泛接入，都需要以数字技术为电网赋能，促进源网荷储协调互动。

在减碳发展背景下，可持续发展呈现出新趋势。

首先，能源变“轻”。能源行业整体转型迫在眉睫，发展清洁能源是大势所趋，碳中和将全面推进全球电气化进程。

其次，数字化转型加速。《中华人民共和国国民经济和社会发展第十四个五年规划和2035年远景目标纲要》中，碳中和路线图非常明确，并将数字经济、新能源、创新等要素作为实现碳中和目标的关键支柱。可见，政府和相关行业都意识到，数字化是促进可持续发展的最佳工具。

再次，循环经济受到重视。越来越多的企业通过循环经济重新利用原材料，以降低资源和能源消耗，并将上、中、下游联结起来后，这将产生规模经济价值。

最后，生态圈协作增强。零碳城市、低碳经济区、零碳供应链在不久的将来都将成为现实。

为推动可持续发展，实现碳中和，把先进的数字化技术充分应用到运营中是关键，建设零碳工厂、绿色工厂、灯塔工厂，开发绿色创新产品和绿色设计是实现碳中和的关键数字化技术。利用数字化帮助企业实现可持续发展有四个步骤：一是以数字化实现互联互通，企业借此搭建衡量和分析能耗基础；二是制定可持续发展战略，以数字化促进循环经济、清洁电气化的发展以及效率的提升；三是促进数字化发展通过数字化推进可持续战略；四是通过数字化衡量效果并不断精进运营，不断改善策略与方法，从而实现可持续的迭代发展。

碳中和是一项系统工程，需要融合可持续经验与技术创新。企业推进可持续发展的过程并不是一蹴而就的，而是呈不断螺旋上升的趋势。企业要用数字化能力和可持续经验，探索可持续发展道路，逐步迈向碳中和。

第四节　碳定价现状与趋势

碳定价是政府用于气候战略实施的主要手段。政府可以采用一系列政策工具来制订碳价格。碳定价对于气候的影响力与碳价格在该国的接受度、价格水平和减排机会相关。从长远来看，创造一个可信且更可预测的价格信号将支持长期投资并鼓励低碳发展。

碳定价分为直接碳定价和间接碳定价两种。

直接碳定价，主要通过碳税或碳排放权交易，采用与给定产品或活动产生的温室气体排放量成正比的价格以激励碳减排。碳信用机制是另一种碳定价，但是它在碳排放权交易和碳税间存在区别。碳信用机制与在国家内或国际倡导的减排计划相一致。

间接碳定价，是指以与碳排放不成正比的方式改变与碳排放相关的产品价格的工具。这些工具提供了碳价格信号，尽管它们经常被用于其他社会经济目标，如增加收入或解决空气污染问题。间接碳定价包括燃料税和商品税、与能源消费相关的燃料补贴等。

直接碳定价和间接碳定价会相互影响。比如，如果因为采用降低燃料价格的补贴，导致直接碳定价提供的价格信号被间接碳定价的价格降低因素所抵消，那么直接碳定价的作用就会被稀释。包括世界银行在内的一些机构正在探索提供更多间接碳定价数据的途径，更好地了解不同定价激励措施在未来几年如何应用和相互作用。但碳定价指标不可作为实现气候目标而制订的指标。

中高收入国家通常采用直接碳定价的方式。发展中国家更适合采用间接碳定价的方式。比如，非洲一些国家通过燃油税和补贴改革实现了间接碳定价的大幅上涨。

直接碳定价工具的运用日趋普遍，但全球覆盖率依然很低。截至2022年4月，全球在使用中的碳定价工具共有68种，另有3种工具在推行中，这其中包括37种碳税工具和34种碳排放权交易工具。现在，全球约23%的温室气体排放受到碳定价工具管控。

目前，碳价逐年提升，但价格水平依旧偏低。受政策驱动的影响，市场投机性行为增加，全球能源价格上升，这些因素都推动了直接碳定价的价格上涨。但是大多数司法辖区的碳定价低于《巴黎协定》确定的目标。

2021 年，多个碳排放交易系统的碳定价都达到历史新高。欧盟、瑞士、加利福尼亚、魁北克及新西兰的碳排放交易市场都达到了历史最高价，英国碳价格自 2021 年年中开始快速上涨，中国市场 2021 年年末碳价格下跌，但 2022 年年初碳价格有所回升。

一些国家和地区在未来几年制订了更为激进的碳定价目标。比如，新加坡计划将碳税从目前每吨二氧化碳排放征收 5 新加坡元，到 2024~2025 年，上涨到 25 新加坡元（相当于 18 美元），2026~2027 年，上涨到 45 新加坡元（相当于 33 美元），2030 年上涨到 50~80 新加坡元（相当于 37~59 美元）。南非也计划提高碳税，从目前每吨二氧化碳排放征收 10 美元，到 2026 年提高到 20 美元，2030 年提高到 30 美元，2050 年提高到 120 美元。加拿大计划从每吨二氧化碳缴纳 15 加币（相当于 12 美元），到 2030 年将提升到 170 加币（相当于 136 美元）。[1]

欧洲市场的碳价已经达到历史新高，欧盟正在制定法规以规避投

[1] 世界银行发布的《碳定价机制发展现状与未来趋势（2020）》，由中央财经大学绿色金融国际研究院译。

机行为。近年来，很多投资公司进入欧洲碳市场，可能会造成双重核算碳价的问题。欧洲证券和市场管理局并没有发现在市场中存在投机交易行为，但的确制订了一系列措施以增加市场透明度。欧盟立法委员会表示，他们将在碳排放交易系统改革中制定相关法规，以规避投机者对碳交易市场的价格操纵。

当下，碳定价的跨境方法越来越受到关注，各国都期待找到合理的国家间贸易方式来解决由于碳价格上升造成的潜在碳泄漏问题。大多数国家通过向存在碳泄漏的行业提供碳税豁免、抵扣或者免费分配碳排放配额来解决碳泄漏问题。然而，这些措施也存在相应弊端：减少通过供应链传递的碳成本信号，的确有助于为进口商品提供公平的竞争环境，但也降低了驱动能源向低碳化转型的动力。此外，这些方法对于更深层次的脱碳化进程中控制碳泄漏并没有实际效果。因此，各国都在寻找其他方式来平衡进口商品的碳价格和国内生产商品的碳价格。跨境合作是一个方法，比如，通过单方面执行碳边境价格调节，可以对进口商品征收国内碳价。但前提是，在执行碳边境调节机制时，需要正确评估进口商品的碳排放额，以及了解该产品在进口前已经在出口国征收了多少碳税。如果优化目前的和潜在的测量进口商品的碳泄漏程度的技术能够进一步提升，那么跨境碳交易就会变得更加可行。

各国根据本国实力和历史责任对气候变化负有共同但有区别的责

任，这一原则早已成为国际气候合作的重要内容。发展中国家普遍认为，如果发达国家单方面对发展中国家进口的商品实施碳边境价格调节策略，那么就违反了国际气候协定长期确立的原则。同时，也有国家呼吁发达国家需对其消费的碳足迹负责。

当前的政治和经济环境为碳定价带来了机遇和挑战。对于燃料价格高敏感性的国家，越来越高的碳价格给已经承受高额能源价格的公民和企业带来超额的价格压力。在短期内，高能源价格会导致能源使用减少。政府因为要减少对进口能源的依赖而从长期考虑发展本国的可再生能源。

第五节　中国碳中和总体框架

城市是现代文明的标志，是推进低碳经济转型、推动经济社会高质量发展的重要空间和行动单元。

我国政府高度重视发挥城市在落实气候行动目标中的积极性和创造性，因此，国家发展和改革委员会于 2010 年起先后启动了三批低碳城市试点工作。整体来看，低碳城市试点政策在降低碳排放强度、促进技术创新等方面发挥了重要作用。碳达峰、碳中和是“十四五”乃至未来更长时间内我国经济社会发展的主基调，低碳城市建设将继续发挥引领示范作用。

以高碳能源为基础的高碳经济和传统工业化推动了市场经济发展，创造出前所未有的财富，促进了精神文明和政治文明建设，但也产生了巨大的负效应。其中，最为显著的就是环境污染造成的生物多样性减少，气候变暖导致的冰川消融、海平面上升、极端天气与自然灾害频发等，因此生态文明建设刻不容缓。作为负责任的全球大国，中国把 2030 年前实现碳达峰、2060 年前实现碳中和的目标纳入生态文明建设整体布局，体现了大国责任和担当。

结合城市是中国实施双碳战略的主体，75% 的人为温室气体是从城市产生的实际，可以通过建设全要素智慧城市助力碳中和战略落地。

第一，全要素智慧城市助力碳中和战略落地框架。

以全要素智慧生态城市建设为导向，积极应用城市基础设施与建筑绿色低碳技术和数字技术，站在全寿命周期角度、全产业链角度和运维角度进行城市建设、运营等。

从企业转型、工程建设、城市建设、城市数字运营等多个维度打造城市绿色低碳发展生态体系。

创新绿色智慧建筑、零碳智慧园区、低碳社区等应用场景。同时把区域能源的概念，辐射到整个产城融合，真正实现城经济与市经济的绿色低碳协同发展，具体包括以下三个方面。

（1）城市能源工程建设方面。通过打造区域能源系统，提升能源利用效率，实现各种能源综合、集成利用，把能源“吃干、榨尽”，用最少的能源完成更多的工作。

（2）城市全要素能耗管理方面。围绕企业、建筑、园区和城市等不同层次的综合能源需求，从“全生命周期”的角度出发，最大限度减少碳排放。通过对绿色企业、绿色建设工程、智慧低碳社区、零碳园区的建设和管理，形成绿色低碳发展生态体系。

（3）城市生态系统建设方面。通过生态建设，构建城市的“绿色生态基底”、利用生态系统这个天然的“吸碳海绵”来固碳，减缓城市大气中二氧化碳浓度升高的问题。

第二，低碳发展与经济发展并不矛盾。

低碳转型不是对经济发展的阻碍，而是构建新发展格局，推动经济高质量发展的必然要求，是寻求更具包容性、经济韧性的可持续增长方式的必经之路。

（1）天气气候事件及其级联效应对人类的生存和发展构成严重威胁，已经成为目前人类发展面临的最大非传统安全挑战。

（2）长期以来我国能源结构以煤炭为主，生产和利用方式粗放，非化石能源在一次性能源中占比较低，这些因素无疑对我国的能源安全与经济韧性构成挑战。

碳达峰的深层次问题是能源问题，要求非化石能源高比例发展，加快建设以可再生能源为主体的能源体系，这是统筹安全与发展、当下与长远、自强与开放的有力布局。新发展格局以创新驱动、高质量供给引领和扩大消费需求，表现为绿色、低碳、可持续的高质量发展模式，需要碳达峰和可再生能源在其中发挥约束条件和发展动力的作用。

多年来，我国城镇化持续高速推进，在城市经济体不断扩大的同时，也暴露出一系列发展中需要注意的问题。

“双碳”目标下的城市低碳转型意味着改变传统的粗放城镇化模式，由依赖生产要素投入、规模扩张驱动的模式转向创新、高效、节能、环保、高附加值的增长方式。

减缓和适应是城市应对气候变化的驱动双轮。我国气候条件复杂，沿海、高原等许多城市极易受到气候变化影响，为了防范气候风险、保障生态安全，需要加强减缓和适应气候变化工作的协同效应，提升城市的气候韧性。

2016 年，我国发布了《城市适应气候变化行动方案》（发改气候〔2016〕245 号），选取 28 个地区作为气候适应型城市建设试点并取得阶段性成果。

2022年，生态环境部等17部门联合印发《国家适应气候变化战略2035》，进一步深化试点工作，将统筹农业、林业、水资源等重点领域以及城市沿海生态脆弱地区适应气候变化行动，将适应气候变化与“双碳”目标有机衔接起来。

第三，构建“智慧+区域能源系统”解决方案，重塑能源供给生态模式。

全球范围内，数字化变革正在不断重塑能源供需模式，智慧能源转型即构建“智慧+区域能源系统”是大势所趋。这一趋势主要包括两方面：一是构建全链路的区域能源系统；二是搭建云化的区域能源服务平台。

（1）打造“智慧+区域能源系统”。通过创新驱动、原创技术、科技引领、通过“微联网+互联网”，实现对冷热电联产、工业余热、可再生能源、风能等各种能源综合和创新存储，实现能源集成利用，打破传统能源系统烟囱式分立架构和孤岛式管理，走向综合智慧能源，实现全链路协同。

（2）构建区域能源管理平台。构建“线上+线下”的综合能源服务生态体系，助力各类能源服务全产业资源汇聚。实现冷热电联产公司和综合能源公司建立区域综合能源服务入口。

搭建能源交易平台，如碳交易、冷热电联产交易、能量交换等。

通过平台实现各种能源子系统物联，形成能源要素共享、资本要素共享、商品供需对接、产能共享交易等新型生产全要素共享服务，提供创新的“拼能源”模式，构建能源池。

打造能源监控和运营平台，实现对分布式光伏、储能、空调、供暖、制冷、照明、给排水等状态的信息采集、环境感知与系统控制，通过 AI 算法挖掘和智能决策，优化客户侧能源系统运行策略，保障能源供给，降低用能成本，履行“双碳”承诺。

经济新常态下，我国城镇化进入由速度型向质量型深入发展的关键时期。《国家新型城镇化规划（2014—2020 年）》首先正式提出了以人为本的城镇化建设思路，党的十九大报告又进一步提出了新发展理念和区域协调发展战略。

绿色低碳转型下的新型城镇化应当贯彻新发展理念，同乡村振兴战略有机衔接。一是充分考虑不同规模城镇自然条件、人口规模、产业结构以及城镇定位的差异性，因地制宜制定可持续发展战略；二是加快清洁能源与可再生能源的利用，改善“高碳锁定”问题；三是加强基础设施建设中的低碳考虑，在技术层面应用净零排放方案，建立固定资产投资的监测考核体系；四是刺激绿色消费，引导垃圾分类，推广绿色出行，培育居民绿色低碳行为新风尚。[1]

[1] 丁仲礼．中国碳中和框架路线图研究 [R].2021.

第五章
企业在数字化进程中如何实现碳中和

第一节　企业的社会责任与ESG

企业社会责任，是指企业在创造利润、对股东和员工承担法律责任的同时，还要承担对消费者、社区和环境的责任。企业的社会责任要求企业必须超越把利润作为唯一目标的传统理念，强调要在生产过程中对人的价值的关注，强调对环境、消费者、社会的贡献。

18 世纪中后期，在英国完成第一次工业革命后，现代意义上的企业就有了充分的发展，但此时关于企业社会责任的观念还未出现，实践中的企业社会责任局限于业主个人的道德行为。企业社会责任思想的起点是亚当·斯密的“看不见的手”。古典经济学理论认为，一个社会通过市场能够最好地确定其需要，如果企业尽可能高效率地使用资源以提供社会需要的产品和服务，并以消费者愿意支付的价格销售它们，企业就尽到了自己的社会责任。

到了 18 世纪末期，西方企业的社会责任观开始发生微妙的变化，表现为小企业业主经常捐助学校、教堂和穷人。

进入 19 世纪，两次工业革命的成果促进了社会生产力的飞跃，企业在数量和规模上得到较大发展。这个时期受“社会达尔文主义”思潮的影响，人们对企业的社会责任观是持消极态度的，许多企业不是主动承担社会责任，而是对与企业有密切关系的供应商和员工等极尽盘剥，以求尽快变成社会竞争的强者，这种理念随着工业的大力发展产生了许多负面影响。

19 世纪中后期，随着企业制度的逐渐完善，劳动阶层维护自身权益的要求不断高涨，加上美国政府接连出台《反托拉斯法》和《消费者保护法》以抑制企业不良行为，客观上对企业履行社会责任提出了新的要求，使企业社会责任观念的出现成为历史必然。

ESG 是环境（Environmental）、社会（Social）和治理（Governance）的英文缩写，是一种关注企业环境、社会、治理绩效而非财务绩效的投资理念和企业评价标准。基于 ESG 评价，投资者可以通过观测企业 ESG 绩效，评估其投资行为和投资对象（企业）在促进经济可持续发展、履行社会责任等方面的贡献。[1]

长期以来，虽然投资者越来越关注企业在绿色环保、履行社会责任方面的绩效，但并无明确的 ESG 理念。直到 2006 年，联合国责任投资原则发布，对这一领域的发展起到了推动作用；同年，高盛发布

[1] ESG 是什么？一文看懂 ESG 概念、起源与发展 [OL]. 新浪财经，2019-06-21.

了一份 ESG 研究报告，较早地将环境、社会和治理概念整合在一起，明确提出了 ESG 概念。

1972 年，第一届联合国人类环境会议在瑞典斯德哥尔摩召开，会议首次发表了与环保相关的《人类环境宣言》，并确定每年 6 月 5 日为“世界环境日”。

1992 年，联合国召开环境与发展会议，率先提出《21 世纪议程》，倡导在促进发展的同时注重环境的保护，成为世界范围内注重经济可持续发展的开端。

现实生活中，人们作为消费者越来越注意环保因素，通过产品或服务选择将环保理念传导给作为生产者的企业。在市场机制作用下，企业为获取收入和利润，更加注重生产过程中的环境保护。于是，环境因素从公众运动逐步向上下两端延伸。与此同时，与环境相关的各类法律法规不断被充实完善，相关概念也被引入投资领域，投资者逐渐意识到企业环境绩效会影响企业财务绩效。于是，责任投资、ESG 和绿色金融等概念逐渐进入理论研究者、政策制定者和投资者的视线。

目前，国际上的 ESG 理念及评价体系主要涉及三方面，分别是各国际组织和交易所制定关于 ESG 信息的披露和报告的原则及指引、评级机构对企业 ESG 的评级、国际主要投资机构发布的 ESG 投资指引。

其中，ESG信息的披露是前提条件，ESG评估提供了评价和比较的方法，而ESG投资是基于两者的实践。

ESG理念及评价体系主要包括企业在经营中需要考虑的多层次、多维度因素。主要包括以下三个方面。

（1）环境方面。碳及温室气体排放、环境政策、废物污染及管理政策、能源使用及消费，自然资源（特别是水资源）使用和管理政策、生物多样性、合规性、员工环境意识、绿色采购政策、节能减排措施、环境成本核算、绿色技术等。

（2）社会方面。性别及性别平衡政策、人权政策及违反情况社团（或社区）、健康安全、管理培训、劳动规范、产品责任、职业健康安全、产品质量、供应链责任管理、精准扶贫、公益慈善及其他等。

（3）治理方面。公司治理、贪污受贿政策、反不公平竞争、风险管理、税收透明、公平的劳动实践、道德行为准则、合规性、董事会独立性及多样性、组织结构、投资者关系等。[1]

[1] 什么是ESG[OL]. 新浪财经，2021-11-2.

第二节　什么是企业碳中和

企业碳中和，是指企业组织边界内的温室气体排放实现中和。

目前，碳中和已经成为国家发展战略，成立了碳达峰、碳中和工作小组，提出了构建“双碳”的“1+N”政策体系，从而碳中和逐渐成为各行业的发展目标，已有数千家企业宣布科学碳目标。企业开展碳中和行动的优势在于，一方面容易获得融资支持，另一方面有助于提高企业的竞争力，促进企业可持续发展。

企业实现碳中和的具体步骤是什么？

首先，企业可自行或者委托第三方机构进行碳盘查，识别主要排放源。

其次，设立碳中和目标，但是在设立目标时需要注意中远期目标的有机结合、循序渐进，要从最开始的自身运营碳中和逐步过渡到全产业链的碳中和。

最后，企业的能源结构应该逐步清洁化，通过技术手段积极开展节能降碳，如表 5–1~ 表 5–3 所示。

表5–1　碳盘查步骤

确定方法	明确边界	梳理活动	评估核算
核算依据：温室气体核算标准GHGP-rotocol ISO 14000系列、国内核算指南等	组织边界设定方法：股权比例法或财务控制权法或运营控制法。 温空气体种类：六种温室气体	活动种类：范围1、范围2、范围3	收集活动水平数据如用电量、燃料消耗量等，选择排放因子整理数据，得出所排放的二氧化碳当量

其中，实施碳排查时，企业要了解的范围包括以下三点。

范围 1，企业运营过程中化石燃料燃烧和生产过程的直接排放，如自有锅炉熔炉、自有车辆、化工生产的排放。

范围 2，企业运营过程中消耗外购能源产生的间接排放，如外购的电力、热力蒸汽、冷气所产生排放。

范围 3，除范围 1 和范围 2，企业运营过程中的其他间接排放，如员工通勤差旅、企业上下游供应链活动发生的所有排放。

表5–2　各类型企业减碳目标

行业	企业	目标
科技	微软	2030年，实现负碳排放； 2050年，消除公司自成立以来的直接排放和电力消费产生的间接排放
	百度	2030年，实现集团运营层面碳中和
金融	汇丰银行	2030年，实现自身运营和供应链净零排放,并为低碳转型提供7500亿~10000亿美元的投融； 2050年，实现所有融资客户的净零碳排放

续表

行业	企业	目标
金融	巴克莱银行	2030年，绿色融资达到1000 亿英镑，绿色创新投资1.75亿英镑； 2050年，实现所有融资客户的净零碳排放
地产	土地证券集团	2030年，碳排放量绝对值比2013/2014年基线水平降低70%，且采购电力全部为可再生能源电力； 2030年，自建可再生能源发电装机规模3MW，实现净零排放
	远洋集团	2025年，碳排放/能源强度相比2018年减少35%，自有项目100%达到高星级绿色建筑标准； 2050年，实现碳中和
制造	奔驰	2022年，实现全球工厂运营生产的碳中和； 2039年，实现全球新生产乘用汽车的碳中和
	宝武钢铁	力争2023 年实现碳达峰；2050 年实现碳中和
能源	壳牌	2050年，实现自身运营和价值链的净零排放
	长江三峡集团	2023年，实现碳达峰；2040年实现碳中和

表5-3　碳中和实施路线

目标规划	内部运营	价值链合作
盘查并设定碳中和目标	优化运营能效 增加业务运营 打造绿色建筑 倡导绿色工作方式	助力供应链脱碳 设计可持续产品 采用下游绿色物流服务 推出助力其他行业脱碳的产品及服务可再生能源的使用

第三节　企业数字化转型与碳中和的关系

企业数字化转型是当下很多企业面临的重大难题。传统的能源企业的供应链相对较长，企业内部组织协同能力有限，加之基础设施普遍庞大、复杂，机器操作人员经验不一，供需机制、内部管理、设备运行、安全保障等方面时有问题发生，导致企业生产经营效率、安全水平、盈利能力等逐步陷入瓶颈期。

在新一轮科技革命和产业革命的引领下，数实融合、产业互联网蓬勃兴起，这在一定程度上改变了能源行业过去依靠人力和经验的生产面貌。不过，由于受能源企业自身经验、资金、数据等众多短板制约，不少企业依然徘徊在数字化大门之外。

另外，面对气候变化等全球性危机和挑战，我国作出“力争 2030 年前实现碳达峰、2060 年前实现碳中和”的战略决策。在这场全面而深远的转型变革中，需要社会各行各业采取科学的具体行动，并为之长期努力。

“双碳”目标的出台使得能源行业的数字化转型压力陡增。这是因为，我国能源结构长期以化石能源为主，85% 的二氧化碳排放来自能源活动，所以，“能源绿色低碳转型科技支撑行动”是支撑碳达峰碳中和十大科技创新行动之一。

换言之，能源行业的绿色低碳转型，是实现碳达峰、碳中和目标的必由和最快路径。内外因素叠加之下，能源行业需要更高质量地推进绿色低碳数字化转型。

数字化转型所利用的数字科技离不开算力、连接的支撑。以钢铁厂为例，工厂一般使用人工智能物联网（AIoT）的方式连接大型高耗能设备，在实时了解设备运行状态的基础上，通过 AI 算法预测设备出现故障的时间，进而达到降低能耗、降碳减排的目的。但如果没有云计算能力做支撑，仅依靠效率低下的本地运算方式，根本无法保证实时了解设备的运行状态，节能减排也就无从谈起。

在此背景下，加之能源行业百万亿级规模的广阔市场加持，在算力、连接等领域具备先天优势的广大云计算厂商纷纷入局，双方建立强耦合关系推动能源行业数字化进而实现碳中和的路径渐渐清晰。

比如，腾讯云立足数字化助手定位，基于新基建、连接、技术、生态等优势，联合经验丰富的能源企业共同打造一系列数字化、智能化解决方案；华为云为能源企业提供端到端解决方案，通过云、AI、

5G、物联网，助力能源企业实现高效生产、降本增效。

通过能源行业的数字化转型，能够有效实现低碳低耗，数字化是助力碳中和战略的重要支撑。能源企业实现低碳转型和高质量发展，主要集中在如何实现企业智能生产、组织高效和供应链协同。拆解实现上述目标的内在逻辑，关键在于如何保证物与物、物与人、人与人、人与企业、企业与企业等各方面的实时连接，并在连接的基础上，利用云、大数据、人工智能等技术，结合实际推动企业实现智能化生产和运营。

同时，站在更深远的能源变革和升级方向来看，打通不同能源系统间的联系，使得风、水、太阳、煤炭等多种能源之间能够综合调配，完成时空耦合和互补替代，也是能源行业、企业面临的重大和长远考验。数字化转型是能源行业转型升级的必经之路，唯有数字化连接才能打通能源产业链上下游关节，结束各市场主体“单打独斗”局面，从而有效提高能源综合利用效率。

20 多年来，从 PC 时代到移动时代，再到产业互联网，从 QQ、QQ 空间到微信、公众号，再到如今云计算，从连接人、连接内容、连接服务，进而开始连接各行各业，可以说，数字化推动了产业的发展。智慧电厂、智能制造、智慧工地、零碳园区、低碳楼宇等都是务实的碳中和解决方案。

如今，各能源企业已将碳中和列为“一把手工程”，正在推动节能低碳和高质量发展的道路上砥砺前行。数字化转型必将助力能源行业交出优异的碳中和答卷，继而推动经济社会低碳、绿色发展，最终为全球应对气候变化提供中国方案和中国智慧。

第四节　我国的碳中和步伐

我国于2020年9月22日在联合国大会上提出，二氧化碳排放力争于2030年前达到峰值，2060年前实现碳中和。2020年12月12日，我国进一步宣布，到2030年，中国单位GDP二氧化碳排放将比2005年下降65%，非化石能源占一次能源消费比重将达到25%左右，森林蓄积量将比2005年增加60亿立方米，风电、太阳能发电总装机容量将达到12亿千瓦以上。在复杂的国际政治经济格局中，我国提出碳中和目标，既体现了我国在环境保护和应对气候变化问题上的责任担当，也为我国绿色低碳发展擘画了宏伟蓝图。

与世界主要碳排放国家相比，我国于2060年前实现碳中和目标可以说“压力大、任务重、时间紧”，如果按部就班地推进碳减排是远远不够的，未来需要以更大的决心与魄力，采取更强有力的措施去推动实现。

第一，增加与碳减排相关的资金投入。

碳中和目标提出后，势必将通过目标任务分解和细化到各地，地方政府将成为实现目标的关键所在和必要条件。研究显示，2030 年前实现碳达峰，每年资金需求为 3.1 万亿 ~3.6 万亿元。2060 年前实现碳中和，需要在新能源发电、先进储能、绿色零碳建筑等领域新增投资超过 139 万亿元，资金需求量相当巨大。未来需要不断完善与碳减排相关的投融资体制机制，增加资金来源和对地方的财政投入，助推地方实现碳达峰和碳中和目标。

第二，设立低碳转型或碳中和相关基金。

推进能源转型，实现碳中和是有成本和代价的。由于我国地域辽阔，各地产业结构、资源禀赋不一样，不同地方、行业、企业将面临不同的约束与挑战。例如，低碳转型肯定会加速“去煤化”，因此需要大量的职工从煤炭等高碳产业链中转移出来，这对于山西、内蒙古等传统的煤炭富集且经济发展水平相对较低的地区影响较大，转型成本高，转型阵痛更为明显。可以借鉴欧盟的公平转型机制，由国家设立低碳转型或“碳中和”相关基金，通过专项资金，帮助和支持这些地区传统能源产业工人的培训和转岗，尽量避免出现因低碳转型而导致贫困化等社会问题。

第三，设置更高的年度碳减排目标。

横向对比来看，我国单位 GDP 碳排放依然较高，是世界平均水平的 3 倍多，欧盟的 6 倍多，人均碳排放也超过部分发达经济体（如英国、法国）。随着我国经济社会发展，能源需求仍会继续增长，未来必须降低单位 GDP 碳排放强度，只有单位 GDP 碳排放下降的速度高于 GDP 年均增长速度，才能抵消因能源消费增长带来的碳排放增量，使二氧化碳的排放增量不再增长。而要进一步降低二氧化碳排放存量，单位 GDP 碳排放下降幅度则更高。初步预计，在未来 40 年，我国单位 GDP 碳排放年均下降 9%，才能实现碳中和目标。

第四，大幅降低煤炭直接消费。

我国“富煤、贫油、少气”的能源资源禀赋特点，导致我国经济发展高度依赖高碳排放的煤炭，能源消费结构不合理。尽管煤炭行业可以通过洁净煤生产和相关工艺来降低碳排放水平，但要实现碳中和目标，必须大幅削减煤炭直接消费（特别是散煤消费），降低煤炭在一次能源消费中的占比，逐步摆脱对煤炭的高度依赖才是根本解决之道。电力是我国碳排放的主要来源，其中火电占比最高。因此，在电力供给侧，未来需合理控制燃煤电厂的总规模，提升清洁电力在总发电量中的占比。在消费侧，则要持续推进交通、供暖、工业、建筑等领域的电能替代工程。

第五，努力降低低碳能源成本。

能源是国民经济最重要的基础性投入之一，能源价格的变化会对经济、居民生活造成影响。在现有技术条件下，如果不计“外部性成本”，传统能源的高效减排以及清洁低碳能源的利用，势必会导致整个能源使用成本上升。此外，“碳排放权”市场的建立，意味着传统能源类企业将面临高昂的成本，而成本的上升必然会传导到能源产品的价格中。所以，实现碳中和目标要算“经济账”，要通过加强清洁能源技术创新，加快能源体制机制改革，提高能源效率，设计有益于提升清洁能源企业竞争力的政策等方式，努力实现低碳能源的规模化，降低低碳能源使用成本。

第六，推动能源科技进步和创新。

能源技术的进步和创新是推动能源转型的根本动力，也是实现碳中和的关键驱动力和必然选择。因此，未来必须有革命性先进技术的突破和创新来支撑，并加快成熟低碳技术的推广与应用。

第七，推进国内产业转型升级和高质量发展。

碳排放和产业结构之间互相影响、互相作用，产业结构升级能够减少碳排放、提升碳排放绩效，同时，碳排放又对产业结构升级有推动作用。我国作为制造业大国，工业产业既是传统用能大户，能源消费占总终端能源消费的2/3，又是我国二氧化碳排放的主要来源，占全国总排放量的80%左右。工业产业中，钢铁、化工和石化、水泥和石灰、电解铝四个传统产业的能源密集、碳排放相对较高。因此，实现碳中和目标要严格控制上述四大传统高耗能行业新增产能，优化存量产能，推动其进行节能改造，调整产品和产业结构。此外，还要加快现代服务业、高技术产业和先进制造业、数字经济等新兴产业发展。依靠技术进步和创新来驱动产业增长，促进传统产业的低碳转型，大力发展新型绿色低碳经济，推进产业结构调整和升级，降低工业产业的能源消费和碳排放，逐步使经济增长和碳排放脱钩。

第八，推动煤炭、油气等传统化石能源企业转型。

碳中和目标的提出将倒逼化石能源企业进行深度变革。企业加快转型步伐，需做到三点：一是将碳排放纳入绩效考核、投资决策、资产配置等公司运营的方方面面，实现生产运营过程各个环节的低碳化；二是加速调整企业未来经营战略，加快布局发展氢能、风能、太阳能等零碳新能源业务，努力将自己打造成能源技术服务的提供商，而不是能源资源的提供方，实现提供能源产品服务的低碳化；三是以数字化和低碳化相结合，充分利用物联网、大数据、云计算、人工智能技术等先进技术手段，以创新来推动传统化石能源企业转型，引领碳中和目标的实现。

第九，推动电力与碳交易两大市场建设。

碳中和将推动风能、太阳能等零碳新能源发电进入规模化“倍速”发展，而新能源发电的规模化发展又依赖于两大市场建设：一是电力市场建设。我国新能源发电存在限电、弃电等消纳难题。未来应加快建设电力中长期电力市场、现货市场、辅助服务市场和可能的容量市场等，出台新能源市场化发展政策，在全国统一电力市场设计中统筹新能源市场机制，使各种电力资源都能在市场交易中实现其经济价值，以促进新能源在更大范围、全电量市场化消纳。二是碳交易市场建设。碳交易市场作为一种低成本减排的市场化政策工具，已在全球范围内得到广泛运用。应在总结梳理之前我国碳交易试点工作经验的基础上，构建全国统一的交易市场，在碳排放配额、企业参与范围、产品定价机制等方面作出系统性安排，以达到优化资源配置、管理气候风险、发现排放价格，从而实现低成本、高效率地减少碳排放的目标。

第十，树立新的能源安全观，更多关注技术层面风险。

目前，我国能源安全风险集中体现在两个方面：一是能源供给风险。主要是指石油、天然气因对外依存度较高，对自然灾害、国际金融危机、地缘政治等外部环境风险更为敏感。二是技术层面风险，尤其是电力系统的安全稳定运行风险。随着碳中和目标的推进，由于零碳新能源大规模、大比例进入能源电力系统，所面临的能源安全问题将发生重大变化，即能源安全从能源供给风险转为技术层面风险。

第五节　企业在数字化转型中的碳中和战略路线

当前，中国主要的二氧化碳排放量来自电力、工业、交通和建筑四大领域。企业作为社会经济的重要载体，在蓬勃发展的同时也是能耗和碳排放大户。随着中国减碳按下“加速键”，深入分析并挖掘重点行业的减碳潜力无疑是实现碳中和目标的关键举措。企业在实现双碳使命时，需要“战略先行”。企业可以按照合规、优化、重塑、引领四个阶段，选择适合自身的碳中和战略路线，并借助数字科技的力量，全面系统地实施战略，实现“双碳”使命，如表 5–4 所示。

表5–4　企业碳中和四阶段战略

合规（Comply）	优化（Optimize）	重塑（Reinvent）	引领（Lead）
满足国家碳达峰要求	优化企业供应链、工作流、产品及体验，创造更大的业务价值	开发碳排放权资产，拓展碳中和服务为企业创造新的收入来源	建设生态系统，推动产业内开放的协作创新，引领整个产业共同实现零碳能源转型

第一阶段，合规。

企业在这个阶段的战略目标是：清晰认知目前碳排放基线，准确核算碳排放成本，评估碳排放差距，提升碳排放透明度和洞察力。满足国家前期碳达峰目标的合规要求，降低企业运营风险、合规风险、品牌风险，保持企业运营许可。

首先，借助科技，捕获数据，分析洞察，评估差距。

其次，运用合适的工具和方法，达成共识，确定目标，加速创新。

第二阶段，优化。

企业在这个阶段的战略目标是：不是满足于碳达峰合规，而是创造更大的业务价值。企业以碳中和目标为指引，释放碳数据和数字科技的巨大力量，对企业内的供应链、工作流、产品及体验进行优化，助力企业持续发展。

首先，优化现有供应链为绿色、透明、可追溯、协作的供应链。

其次，优化现有工作流为绿色、智能、安全的工作流。

最后，优化现有产品及消费者体验为透明、绿色的产品及消费者体验。

第三阶段，重塑。

企业在这个阶段的战略目标是：站在行业范围的视角，通过参与碳排放权交易平台，开发碳排放权资产，为企业创造新的收入来源。

并通过拓展碳中和服务，建设科技赋能的碳中和服务平台，助力行业实现“双碳”达标。

首先，企业通过参与碳排放权交易平台，开发碳排放权产品，创造新的收入来源。

其次，企业通过拓展碳中和服务，建设碳中和服务平台，助力行业实现“双碳”达标。

第四阶段，引领。

企业在这个阶段的战略目标是：致力于解决更复杂的碳中和挑战，通过建设经济社会生态系统，推动产业内开放的协作创新，引领整个产业共同实现零碳能源转型，构建全新的绿色产业体系和零碳经济体系。

首先，企业确定产业领域内的减碳挑战，建设生态系统。

其次，企业通过科技解决实现生态系统过程中的四大挑战。

“千里之行，始于足下。”纵观上述企业碳中和实施战略，虽然每个阶段的重点和任务不尽相同，但细究之下会发现其都有一个共性，那就是需要将企业碳中和战略与企业数字化战略进行整合，一切都是建立在数字化转型基础之上的。可见，企业的碳中和战略并不是孤立的，而是应与企业的数字化转型战略整合起来，将碳中和战略作为企业数字化转型战略的核心，并以数字化驱动低碳化。不要仅把碳中和战略视为满足国家要求的工具，而要思考企业如何利用碳中和战略，让公司和产品脱颖而出，以及如何带来更大价值。

数字化作为企业实现碳中和战略的核心驱动力，包括融合人工智能、云计算、大数据、区块链等新一代信息技术，当然向下兼容物联网、智能制造、集成电路等一系列前沿科技应用。企业应积极将这些技术应用到净零能源、可循环性、碳积分交易、气候风险管理、碳足迹管理等领域，加快业务流程的优化和重塑，构建可持续和有弹性的业务，并与广泛的投资者、客户及监管者等利益相关方共享数据，开展合作。

第六章 碳市场与碳交易

第一节　什么是碳市场

碳市场一般指碳排放权交易形成的市场。碳排放权交易（以下简称“碳交易”），实质是将二氧化碳等温室气体排放权作为商品进行买卖，是为减少全球温室气体排放所采用的市场机制。

碳交易市场大致分为强制碳配额交易市场和自愿碳交易市场两种形式。前者以配额（碳排放许可）为基础产品，还可纳入抵消单位（核证减排量）和衍生品交易，可以进一步划分为基于配额的碳交易和基于项目的交易。后者是没有强制减排任务的主体自愿购买项目减排量以实现自身碳中和所形成的市场。碳市场通常是指前者。

当然，我国还有“国家核证自愿减排量”（CCER），虽然名称上有“自愿”两个字，但在性质上更偏向于强制碳交易市场中的抵消单位。

在我国，还有一种较为常见的说法是“碳金融市场”，它指的是金融化的碳市场。

中国拥有世界上最大的碳排放市场，2021 年，中国国家碳排放交易系统完成了第一个完整的合规周期，并报告了合规率为99.5%。在此轮周期内，共有超过2100家火电厂参与了这个交易系统，这些火电厂的年二氧化碳排放量约为45亿吨，大概占中国总排放量的30%。与其他交易系统的定价相比，中国国家碳排放交易系统的定价相对较低，在周期末的结算价格是每吨二氧化碳排放量的交易价格是54.2元。2021年，全年交易的二氧化碳约1.79亿吨，交易结算总价为77亿元。当然，对于中国而言，这个交易系统覆盖的二氧化碳排放量还是微不足道的。中国碳排放交易系统正分阶段推进，且目前仅允许实体（非金融机构）参与交易。

欧盟碳排放交易系统是目前全球最大的交易系统，其在现货市场和期货市场的交易数量和交易价格逐渐增高。欧盟委员会公开表示，2030年，欧盟的温室气体排放要降低55%，到2050年达到零排放。为实现这个目标需要采取“一揽子”措施，包括增加一个新的、独立的碳排放交易系统，这个系统将覆盖交通和建筑领域的碳排放。这个新的碳排放交易系统将与现有的交易系统并行，现有的交易系统涵盖了电力、工业领域的碳排放。

国际海事组织宣称，到2050年，将通过采取“一揽子”措施使碳排放量减半。目前的重点是中期措施，国际海事组织已经提出了一些基于市场的措施，包括碳征税、总量控制与交易制度。碳税将适用于船用燃料，从2025年开始，每吨二氧化碳排放将征收100美元碳税，并且在此后的5年审查周期内逐步上调。

第二节　碳交易的五大要素

温室气体排放导致的全球气候变暖问题在经济学中被称为负外部性问题。排放这些气体的主体不仅给外界带来了危害，而且没有支付任何补偿，把本应由私人承担的成本转嫁到外部，变成了全社会的成本。

碳交易是为促进全球温室气体减排，减少全球二氧化碳排放所采用的市场机制。联合国政府间气候变化专门委员会（Intergovernmental Panel on Climate Change，IPCC）通过艰难谈判，于1992年5月9日，通过了《联合国气候变化框架公约》；1997年12月，于日本京都通过了该公约的第一个附加协议，即《京都议定书》。《京都议定书》把市场机制作为解决二氧化碳为代表的温室气体减排问题的新路径，即把二氧化碳排放权作为一种商品，从而形成了二氧化碳排放权的交易，简称碳交易。所谓碳金融，是指由《京都议定书》而兴起的低碳经济投融资活动，或称碳融资和碳物质的买卖，即服务于限制温室气体排放等技术和项目的直接投融资、碳权交易和银行贷款等金融活动。

碳交易可以通过市场化机制，对环境负外部性进行校正，使其内部化为排放主体的成本，达到“谁污染，谁付费”的效果。国际上普遍认为，碳交易具有社会减排成本低、效率高的优势。

2021 年 6 月 22 日，上海环境能源交易所正式发布《关于全国碳排放权交易相关事项的公告》(以下简称《公告》),《公告》明确了全国碳排放权交易制度的五大核心要素。《公告》还指出，全国碳排放权交易机构负责组织开展全国碳排放权集中统一交易。挂牌协议交易的成交价格在上一个交易日收盘价的 ±10% 之间确定，大宗协议交易的成交价格在上一个交易日收盘价的 ±30% 之间确定。交易系统目前提供单向竞买功能，交易时段与 A 股相同。

1. 交易场所

《公告》明确，根据生态环境部的相关规定，全国碳排放权交易机构成立前，由上海环境能源交易所股份有限公司（以下简称“交易机构”）承担全国碳排放权交易系统（以下简称“交易系统”）账户开立和运行维护等具体工作。

2. 交易方式

《公告》明确，碳排放配额（CEA）交易应当通过交易系统进行，可以采取协议转让、单向竞价或者其他符合规定的方式，协议转让包括挂牌协议交易和大宗协议交易。

《公告》指出，挂牌协议交易单笔买卖最大申报数量应当小于10万吨二氧化碳当量。交易主体查看实时挂单行情，以价格优先的原则，在对手方实时最优五个价位内以对手方价格为成交价依次选择，提交申报完成交易。同一价位有多个挂牌申报的，交易主体可以选择任意对手方完成交易。成交数量为意向方申报数量。

开盘价为当日挂牌协议交易第一笔成交价。当日无成交的，以上一个交易日收盘价为当日开盘价。收盘价为当日挂牌协议交易所有成交的加权平均价。当日无成交的，以上一个交易日的收盘价为当日收盘价。

挂牌协议交易的成交价格在上一个交易日收盘价的 ±10% 之间确定。

《公告》明确，大宗协议交易单笔买卖最小申报数量应当不小于10万吨二氧化碳当量。交易主体可发起买卖申报，或与已发起申报的交易对手方进行对话议价或直接与对手方成交。交易双方就交易价格与交易数量等要素协商一致后确认成交。

大宗协议交易的成交价格在上一个交易日收盘价的 ±30% 之间确定。

《公告》指出，根据市场发展情况，交易系统目前提供单向竞买功能。交易主体向交易机构提出卖出申请，交易机构发布竞价公告，符合条件的意向受让方按照规定报价，在约定时间内通过交易系统成交。

交易机构根据主管部门要求，组织开展配额有偿发放，适用单向竞价相关业务规定。单向竞价相关业务规定由交易机构另行公告。

买卖申报应当包括交易主体编号、交易编号、产品代码、买卖方向、申报数量、申报价格及交易机构要求的其他内容。

3. 交易时段

《公告》明确，除法定节假日及交易机构公告的休市日外，采取挂牌协议方式的交易时段为每周一至周五上午 9：30 —11：30、下午 13：00 —15：00；采取大宗协议方式的交易时段为每周一至周五下午 13：00 —15：00；采取单向竞价方式的交易时段由交易机构另行公告。

4. 交易账户

《公告》指出，每个交易主体只能开设一个交易账户，可以根据业务需要申请多个操作员和相应的账户操作权限。交易主体应当保证交易账户开户资料的真实、完整、准确和有效。

交易主体应当妥善保管交易账户及密码等信息。交易账户下发生的一切活动均视为交易主体自身行为，由交易主体承担相应法律责任。

5. 风险管理

《公告》指出，全国碳排放权交易信息由交易机构进行发布和监督。

交易机构根据《碳排放权交易管理办法（试行）》和《碳排放权交易管理规则（试行）》，对与全国碳排放权交易有关的交易活动、交易账户管理等业务活动进行监督。对于交易主体的异常业务行为及可能造成市场风险的交易行为，交易机构可以采取电话提醒、要求报告情况、要求提交书面承诺、约见谈话，以及公开提示、限制资金或者交易产品的划转和交易、限制相关账户使用等处理措施。

交易机构按照规定提取风险准备金，当风险准备金余额达到交易机构注册资本时可不再提取。交易主体可以通过交易系统查询相关交易记录，根据全国碳排放权注册登记机构的相关规定及时核对结算结果。

第三节　世界碳市场发展趋势

继《京都议定书》和《巴黎协定》之后，《格拉斯哥气候协议》作为第三个全球应对气候变化的里程碑文件于 2021 年 11 月在第二十六次联合国气候变化大会（COP26）上签署。会上，各国代表就曾在《巴黎协定》中未达成一致意见的第六条形成初步共识，即如何在区域碳市场之外建立一个全球性的碳市场。

碳市场作为目前各国控制温室气体排放的主要经济手段之一，未来将有可能成为一个基于自愿减排量的跨越国界的碳市场。

碳市场的运作过程是：主管部门按某种规则确定总排放量和各排放源应得的配额，以有偿或无偿的方式发放给企业，企业在履约期内可以进行配额交易，在期末需要上缴与其排放量相当的足额配额，否则将面临违约处罚。

碳市场中的交易对象除碳配额之外，还有另一种基于自愿减排量（CER）的自愿减排交易。

碳市场创立的背景可以追溯至1997年通过、2005年生效的《京都协议书》，其规定了三种为解决气候变化问题的市场机制：国际排放贸易机制（IET）、联合履行机制（JI）和清洁发展机制（CDM），为碳排放权成为一种可交易的无形商品奠定了制度基础。在《京都协议书》生效的同年，全球第一个碳排放权交易市场EU ETS启动交易。

碳市场的成立不仅为减排主体提供了可用于补偿减排成本的经济激励，也为政府机构开辟了为推进社会减排所需资金来源。截至2020年年底，全球各碳交易体系已通过“拍卖”碳配额筹集超过1030亿美元资金，重点用于资助气候变化领域项目，包括能效提升、发展低碳交通和可再生能源开发利用等。

根据国际碳行动伙伴组织（ICAP）统计，截至2021年1月31日，全球共有24个运行中的碳市场，另外有8个碳市场正在计划实施、14个司法管辖区在考虑建立碳市场。

但是不同碳市场政策设计的细节并不一致，如一级市场的配额拍卖比例、行业覆盖范围、温室气体种类覆盖范围等。从全球碳价格来看，欧盟和新西兰碳价格从2020年上半年开始出现陡升趋势，韩国碳价格同期则出现暴跌后反弹，而北美地区的加利福尼亚—魁北克和RGGI市场下的碳价格则呈现平稳上行的趋势。

总体而言，碳市场的认可程度正在逐步提升：2020年，黑山通过了碳市场的立法并启动了其国内碳市场建设的筹备工作、印度尼西亚在2021年3月为80家燃煤电厂启动碳排放交易体系试点……

碳税与碳市场作为两种推进减少碳排放的主要经济手段，均在不同场景下有所应用，而随着全球碳市场建设的呼声渐起，各国政府也争取在早期为国内的碳市场做好过渡准备。

对于已经建立的碳市场而言，开始呈现出三大趋势：一是行业覆盖范围的扩大。从电力、工业等高耗能领域，逐步扩展至建筑、交通运输、航空等领域；二是对于总量设定的要求从严。通过设定未来一段时间内的配额总量，来控制总量目标下日益加速的长期减排路径；三是碳配的供给从免费走向收费。这不仅为政府带来可观的财政收入，还可以提供市场流动性，助推价格信号的发现。

碳市场的环节和细节较多，曾得到不少市场诟病。多年来，随着政府、企业等主体对碳市场体系的认知和认可，全球碳市场推进的步伐将日趋加速。

第四节　全球主流碳市场概览

全球主流碳市场包括欧盟碳市场、美国和加拿大的碳市场、新西兰碳市场和韩国碳市场。

1. 欧盟碳市场（EU ETS）

欧盟是最早对碳排放定价并采取市场化交易的主要经济体，也是全球碳市场发展的引领者。且除碳市场手段外，欧盟还通过征收碳税来实现对碳排放重点行业的覆盖。EU ETS 严格执行限额交易制度，欧盟成员国需要制订详细的分配计划（NAP）、列出控排企业名单和减排目标，经审查后给各部门和各企业分配排放量配额（EUA）。目前，

EU ETS 覆盖电力、工业和航空业等，配额总量约占欧盟碳排放总量的40%。[1]

EU ETS 的运行主要包括四个阶段：

（1）2005~2007 年，试运行阶段，主要纳入能源生产和能源使用密集行业，并实行 EUA 的免费分配。

（2）2008~2012 年，覆盖范围扩大，加入冰岛、挪威和列支敦士登，加入氧化亚氮，2012 年纳入航空业，10% 配额以拍卖形式取代免费分配。

（3）2013~2020 年，电力行业 100%、其余行业 40% 配额采取拍卖形式，克罗地亚加入 EU ETS，覆盖氨、铝和石化等生产企业，配额总量年递减率升至 1.74%，实施市场储备稳定机制（MSR）。

（4）2021~2030 年，配额总量年递减率升至 2.2%。

目前，欧盟已经进入第四个阶段，在执行较为严格的政策下也引起碳价的持续走高，且未来可能要纳入海运、运输和建筑等部门，以服务于“2030 年净排放量至少减少 55% 的 2030 年气候目标计划”。

英国脱欧后，于 2021 年 1 月 1 日退出了欧盟碳排放交易体系，并在同一天启动了英国碳排放交易体系。与 EU ETS 第四阶段类似，英国

[1] 牛波. 碳市场专题研究报告：全国碳市场完全手册[R]. 未来智库，2021：29.

碳市场覆盖电力、工业和航空部门，并将每年减少 420 万吨的排放量，总量较脱欧前下降 5%。

2. 美国和加拿大的碳市场

美国和加拿大都尚未建立全国性的碳排放权交易体系，但有各州联合设立了区域性的减排计划，主要有区域温室气体行动（RGGI）、加利福尼亚—魁北克碳市场等。

（1）RGGI。RGGI 是美国第一个基于市场化机制减少电力部门温室气体排放的强制性计划，于 2009 年启动，主要涉及电力部门并覆盖区域排放量的 20%。截至 2022 年 4 月，共涉及美国 12 个成员州：康涅狄格州、特拉华州、缅因州、马里兰州、马萨诸塞州、新罕布什尔州、新泽西州、纽约州、罗得岛州、佛蒙特州、弗吉尼亚州和宾夕法尼亚州。自 2013 年起，RGGI 开始实施配额总量设置的动态调整，大幅缩紧了配额总量。2014 年较 2013 年配额数量削减 45%，并在 2020 年之前均保持每年 2.5% 的递减速度。在这一政策带动下，RGGI 碳市场价格开始稳步上涨。

RGGI 的具体运行流程与 EU ETS 类似，每个州先根据自身在 RGGI 项目内的减排份额获取相应的配额，再以拍卖的形式将配额下放给州内的减排企业。不同之处在于，RGGI 覆盖下的企业要按照规定安装二氧化碳排放跟踪系统，记录相关数据。

（2）加利福尼亚—魁北克碳市场。加利福尼亚—魁北克碳市场源自2007年发起的西部气候倡议（WCI）。WCI起初涵盖美国的亚利桑那州、新墨西哥州、俄勒冈州、华盛顿州和加利福尼亚州，加拿大的英属哥伦比亚省、马尼托巴省、安大略省和魁北克省，美国的蒙大拿州和犹他州又陆续加入。

这十一个行政区联合设立了WCI方案，并于2010年公开，2011年设立非营利组织。西部气候倡议的碳排放权限制和交易体系包括发电、工业和商业化石燃料燃烧、工业过程排放、运输天然气和柴油消耗，以及住宅燃料使用所排放的二氧化碳、甲烷、氧化亚氮、氢氟烃、全氟碳化物、六氟化硫和三氟化氮。

在碳市场运行方面，加利福尼亚州、魁北克省和安大略省行动积极。加利福尼亚碳市场与魁北克碳市场均成立于2012年，又于2014年相互联通。二者均覆盖了工业和大多数高耗能行业，可覆盖区域碳排放量的80%以上。其特点在于实施价格走廊政策，执行最低限价和最高限价政策。

在北美地区，区域性的交易体系自由度较大，各州可以根据实际自主选择，然而，这种交易方式易导致各自为政的局面，以及交易区之间的重重矛盾。

3. 新西兰碳市场（NZ ETS）

新西兰碳市场成立于2008年，2008年通过的《气候变化应对法（修正案）》正式确定了碳市场的基本法律框架。其覆盖行业从林业逐步拓展至化石燃料业、能源业、加工业等，在全球碳市场中覆盖的行业最为全面，其定位即是覆盖新西兰经济体中的全部生产部门。

农业虽然也被纳入NZ ETS中，但并不承担减排义务。但由于新西兰较为特殊的产业结构，其农业碳排放达到国内全部碳排总量的48%。为此，根据新西兰2019年提出的《气候变化应对零碳修正案》，将从2025年开始对农业排放进行定价。此外，在覆盖气体上，NZ ETS将二氧化碳、甲烷、氧化亚氮、氢氟烃、全氟碳化物、六氟化氮六种主要温室气体品种纳入其中。

NZ ETS早期90%以上的配额免费发放，随后免费配额比例逐步降低。虽然对于碳配额NZ ETS并不与任何一个其他碳市场相联通，但作为抵消机制的自愿减排交易量，新西兰政府允许控排主体在国际市场购买国际碳信用额度，或在市场上出售自己未使用的额度。

4. 韩国碳市场（K ETS）

韩国碳市场成立于2015年1月，是亚洲第一个全国性碳市场。截至2021年年底，K ETS覆盖了来自电力、工业、国内航空、废弃物和建筑物等部门的600多家大型企业，占全国约73.5%的碳排放量。初始阶段 95% 的排放配额免费发放，剩下比例将通过拍卖的方式进行分配。[1]

第五节　碳市场与碳交易的运行

碳市场是怎么运行的?

简单来说，政府首先确定碳市场覆盖的行业、温室气体范围和企业门槛；其次设定各行业所允许排放温室气体的最大量值。总量控制一旦确定，政府需要在控排企业中分配碳配额。配额可以在企业之间进行自由交易。每一轮交易期（例如一年）结束后，控排企业需要向政府缴纳与其实际碳排放等量的碳配额，以完成履约。

企业可以通过减少自身排放、向其他企业购买额外配额，或者使用经核证的国内外碳抵消项目产生的抵消单位，来完成碳市场设定的管控任务。

当然，作为碳市场有效运行的基石，完善的立法保障、科学的监

[1] 崔莹.2020年全球碳市场发展概览及对中国建设碳市场的启示[R].中央财经大学绿色金融国际研究院，2021.

测、报告与核查（MRV）机制，以及强有力的惩罚机制等也是必不可少的。例如，假设A企业在今年扩大了生产规模，以至于实际排放量超过了政府发给它的配额量，为了足额履约，A需要在市场上购买一部分配额。B企业通过改进技术或减产，实际排放量比所持配额少，富余出了一部分配额，这部分配额就可以拿出来卖掉，以获得收益。如果A企业在交易期结束后无法足额上交配额，就会面临比买配额或减排所付出的代价高得多的惩罚。如果A企业虚报或谎报了自己的实际排放量，也将面临惩罚。

从宏观框架看，一个成功的碳市场包含五个关键要素：一是交易标的真实性和可操作性，二是保障执行的能力，三是灵活性，四是长期监管的确定性，五是透明度。只有满足这五个条件，才能形成一个真实可信的交易标的，才能使公众对市场产生信任，才能具备市场存在的前提条件和基础。

碳交易的基本原理是，合同的一方通过支付另一方价款以获得温室气体减排额，买方可以将购得的减排额用于减缓温室效应从而实现其减排的目标。在六种被要求排减的温室气体中，二氧化碳为最大宗，所以这种交易以每吨二氧化碳当量（tCO_2e）为计算单位，统称碳交易，其交易市场称为碳市场。

碳交易机制就是规范国际碳交易市场的一种制度。碳资产原本并非商品，也没有显著的开发价值。然而，1997 年《京都议定书》的签订改变了这一切。

按照《京都议定书》规定，到 2010 年，所有发达国家排放的包括二氧化碳、甲烷等在内的六种温室气体的数量，要比 1990 年减少 5.2%。但由于发达国家的能源利用效率高，能源结构优化，新的能源技术被大量采用，因此进一步减排的成本高，难度较大。而大多数发展中国家能源利用效率低，减排空间大，成本也低。这导致同一减排量在不同国家之间存在不同的成本，形成了价格差。发达国家有需求，发展中国家有供应能力，碳交易市场由此产生。

第七章
中国碳行业的发展路径

第一节　什么是低碳产业

低碳产业是以低能耗低污染为基础的产业。在全球气候变化的背景下，低碳经济、低碳技术日益受到世界各国的关注。低碳技术涉及电力、交通、建筑、冶金、化工、石化等部门，以及在可再生能源及新能源、煤的清洁高效利用、油气资源和煤层气的勘探开发、二氧化碳捕获与埋存等领域开发的有效控制温室气体排放的新技术。

随着世界工业经济的发展、人口数量的剧增、人类欲望的上升和生产生活方式的无节制，二氧化碳排放量越来越大，地球臭氧层正面临前所未有的危机。气温升高、冰川融化、极端气候灾害增加、生态系统退化、自然灾害频发，深度影响了农业和粮食安全、水资源安全、能源安全、生态安全和公共卫生安全，直接威胁人类的生存和发展。“高能耗、高污染”经济模式和生活方式正在成为地球和人类的杀手，低碳型经济发展模式成为人类的必然选择。走低碳产业道路，是人类与自然和谐相处的需要，是保护地球的需要，也是人类持续发展的需要，更是人类自身生存发展的需要。“低碳经济”将是世界经济的一次重要转型，也是影响深远的世界经济革命，无论是从国内还是从全球而言，低碳产业将成为各国经济长远发展的战略选择。同时，它也有巨大的经济、环境、社会效益。

全球低碳化掀起的第四次浪潮正在加速来临。在人类发展进程中，世界文明先后经历了三次浪潮，每次浪潮都有不同的内涵和特点。第一次浪潮是农业文明，人类农耕文明兴起，带动农业的辉煌发展；第二次浪潮是工业文明，由农业文明向工业文明转变，带来工业化的飞速发展；第三次浪潮是信息化，信息化改革引领全球进入知识经济时代。继工业化、信息化浪潮之后，世界将迎来第四次浪潮，即低碳化浪潮。

走向低碳化时代是大势所趋。一直以来，人类对碳基能源的依赖，导致二氧化碳排放过度，带来温室效应，对全球环境、经济乃至人类社会都产生巨大影响，严重危及人类生存，这比经济危机更可怕。解决世界气候和环境问题，低碳化是一条根本途径，也是人类发展的必由之路。低碳化是一项系统工程，必须从经济和社会的整体出发，努力构建低碳化发展新体系。

企业需要做好一切准备迎接这一变化，将低碳经济纳入战略规划。做好低碳经济规划在未来将关乎企业的生死存亡。企业如果期望在此次转型契机中获得先机，那么就必须从现在开始重新审视自己的定位和发展战略。

发展低碳经济是企业义不容辞的责任，也将给企业带来巨大的商机和广阔的发展前景。

第二节　七大高耗能行业企业碳资产管理分析

本节以电力、石化、钢铁、化工、有色金属、造纸和国内民用航空这七大高耗能行业为例，分析各行业的企业是如何进行碳资产管理的。

1. 电力行业

我国的电力行业是二氧化碳重点排放行业，占全国碳排放总量的40% 以上，煤炭发电长期占据国内发电行业的主导地位。相较于其他重点排放行业，发电行业的数据基础更好，具有特性相对统一、排放气体量大且集中，并易于被计量和监测等特点，成为碳交易市场的首选。发电行业作为参与全国碳市场的“先行者”，在如何将“碳”变“金”的探索中走在了前面，尤其是发电行业的龙头央企与国企。

（1）国家电力投资集团有限公司（以下简称“国家电投”）。国家电投于2021年成立了国家电投集团碳资产管理有限公司，其经营范围包括：（碳）资产管理；投资管理；技术开发、技术服务、技术转让、技术咨询、技术推广。

国家电投制订构建新型电力系统行动方案，发起成立新型电力系统技术创新联盟，凝聚各方共识，推动各要素优化组合，努力抢占能源电力科技制高点，推进新型电力系统示范区建设，全力打造新型电力系统创新高地。

作为关系国家能源安全和国民经济命脉的特大型国有重点骨干企业，国家电投坚持清洁低碳是方向、能源保供是基础、能源安全是关键、能源独立是根本、能源创新是动力、节能提效要助力，充分发挥“大国重器”和“顶梁柱”作用，推动构建新型电力系统，争当能源革命的推动者、先行者、引领者，努力实现更高质量、更有效率、更可持续、更为安全的发展，更好地服务碳达峰碳中和目标。

（2）中国华电集团有限公司（以下简称“中国华电”）。中国华电成立了中国华电集团碳资产运营有限公司，其经营范围包括：（碳）资产管理；环保信息咨询；经济贸易信息咨询；低碳节能减排领域的技术开发、技术推广、技术咨询、技术转让、技术服务。

2021年3月4日，中国华电成功发行首期“碳中和”绿色债，发行规模 15 亿元，期限 2 年和 3 年，票面利率分别为 3.35% 和 3.5%，最终认购倍数达到 2.86 倍和 4.03 倍。这是首批登陆上交所“碳中和”绿色债品种，是中国华电全面加快绿色低碳转型、积极响应碳达峰碳中和要求的重要举措，体现了公司立足新发展阶段、贯彻新发展理念、构建新发展格局的央企担当。发行得到投资人高度认可，综合发行成本、投资人分布和全场认购倍数均位近期发行同类债券前列。

（3）中国大唐集团有限公司（以下简称“大唐集团”）。大唐集团成立了大唐碳资产有限公司，其经营范围包括：（碳）投资管理；资产管理；低碳领域的技术咨询、技术开发、技术推广、技术转让、技术服务。

2021 年 6 月 22 日，大唐集团在北京召开发布会，正式对外发布《中国大唐集团有限公司碳达峰碳中和行动纲要》。作为国家“双碳”战略的重要实施者和推动者，大唐集团积极推动构建以新能源为主体的新型电力系统，着力打造“绿色低碳、多能互补、高效协同、数字智慧”的世界一流能源供应商，为我国经济社会实现绿色转型和可持续发展贡献智慧与力量。

（4）中国华能集团有限公司（以下简称“华能集团”）。华能集团根据“绿色发展行动计划”部署设立了专业化低碳资源综合服务平台——华能碳资产经营有限公司。

华能集团成立碳中和研究所，依托华能能源研究院，开展碳中和战略方向、演进规律和科技创新等方面基础研究，重点研究碳中和对国家能源体系、能源市场、供需关系等产生的影响，再电气化对实现碳中和目标的关键作用，华能集团实现碳中和目标的路径和关键技术选择等。

（5）中国广核集团有限公司（以下简称“中广核”）。中广核设立了中广核碳资产管理（北京）有限公司，主营碳资产管理、技术咨询。

基于国家碳达峰碳中和目标，中广核作为以“发展清洁能源，建设美丽中国”为使命的中央企业二级单位，在国家绿色转型和新发展格局要求下，基于“双百行动”综合改革和创建世界一流企业，重点打造“前瞻性的战略推展能力、卓越的运作能力、与时俱进的学习与创新能力、高端品牌与文化影响力”四项企业核心竞争力，抢抓能源革命和新能源行业新一轮历史发展机遇，谋篇布局、实干兴企，推动中广核新能源事业持续高质量发展，为国家碳达峰碳中和目标作出更大的贡献。

2. 石化行业

（1）中国石化集团公司（以下简称“中国石化”）。作为碳排放“大户”，中国石化专门成立了能源管理与环境保护部来负责整个集团企业的碳资产管理工作。

2020 年 11 月，中国石化与国家发改委能源研究所、国家应对气候变化战略研究和国际合作中心、清华大学低碳能源实验室 3 家单位分别签订战略合作意向书，启动碳达峰、碳中和战略路径课题研究。2021 年 1 月，中国石化签署《中国石油和化学工业碳达峰与碳中和宣言》，从推进能源结构清洁低碳化、大力提高能效、提升高端石化产品供给水平、加快部署二氧化碳捕集利用、加大科技研发力度、大幅增加绿色低碳投资强度六方面提出倡议并做出承诺。2021 年 2 月，中国科学院过程工程研究所、中国石化燕山石化、中国石化工程建设有限公司（SEI）共同创立的碳中和绿色技术联合研发中心成立。三方将充分发挥各自优势，着力解决绿色低碳原创技术产业化和人才平台共享等问题，加快开展碳达峰、碳中和战略研究。

（2）中国石油天然气股份有限公司（以下简称“中国石油”）。中国石油于 2000 年成立了中油资产管理有限公司。中油资产管理有限公司是中油资产公司作为中国石油碳资产管理、运营的主要主体。

中国石油深层次贯彻执行生态文明建设观念，践行“青山绿水便是绿色发展理念”核心理念。尤其是“双碳”总体目标明确提出后，中国石油充分利用自身优点，敢于担当、主动作为，坚持“绿色发展趋势、无私奉献能源，为顾客发展增驱动力、为人民幸福快乐赋新能源”的价值追求，不断增加清理能源生产制造供货和节能降耗幅度，走出了一条“双碳”服务承诺下的石油途径。

（3）中国海洋石油集团有限公司（以下简称“中国海油”）。中国海油设立了低碳管理机构。从 2017 年起，中国海油在充分掌握企业碳排放现状的基础上，制定碳排放统计、碳排放影响评价、碳资产考核等管理要求，在国内企业中率先建成较为完善的低碳管理制度体系，为开展碳排放管控奠定了基础。

绿色低碳是中国海油五大发展战略之一，中国海油统筹做好碳达峰和碳中和顶层设计，积极构建绿色低碳发展体系，以更大决心、更强力度、更实举措助力我国全面实现碳达峰碳中和目标。

3. 钢铁行业

（1）中国中钢集团公司（以下简称“中钢集团”）。中钢集团参股中成碳资产管理（北京）有限公司。中钢国际下属全资子公司中钢设备有限公司持有中成碳资产公司 38% 的股权。

中成碳资产管理（北京）有限公司是目前国内以钢铁行业为主，覆盖有色金属、电力、化工、节能环保等领域的专业技术型咨询公司，致力于为客户提供系统的节能低碳发展咨询和环境资产管理服务。

中钢集团旗下中钢集团武汉研究院拥有工信部认定的第一批节能与绿色发展评价中心，近年来承担了多项省市碳达峰行动方案及评估、低碳试点申报工作。

（2）中国宝武钢铁集团有限公司（以下简称“宝武集团”）。宝武集团于2019年成立了宝武清洁能源有限公司。宝武清洁能源有限公司是宝武集团控股的一级子公司。公司主要发力清洁能源业务，同步发展工业气体业务，旨在打造产城产融结合平台、智慧化市场化交易平台、专业化规模化运营平台，以“构建钢铁低碳能源保障体系，助推清洁能源行业技术革命”为使命，致力于成为冶金清洁能源行业的引领者。

宝武集团将绿色作为企业的生命底色和战略基色，大力推进绿色低碳发展、绿色钢铁精品制造，以智慧制造支撑绿色发展。

4. 化工行业

以中国中化集团公司（以下简称“中化集团”）为例，中化集团于2021年成立了中化能科碳资产运营有限公司。中化能科碳资产运营有限公司是中化集团旗下中化能源的子公司，经营范围包括碳资产运营，碳减排、碳转化、碳捕捉、碳封存技术研发，环保咨询服务。

中化集团从战略和全局高度抓好绿色低碳发展，坚定不移向“净零”目标迈进，顺应世界能源变革潮流和产业发展大势，研究确定自身转型发展的战略目标、重点任务、实施路径和保障制度，加强与政府部门、行业协会等沟通交流，服务和支撑国家、行业相关决策。

5. 有色金属行业

以中国铝业集团有限公司（以下简称“中铝集团”）为例，中铝集团于 2018 年成立了中铝环保节能集团有限公司。由该公司负责中铝集团的碳排放交易管理。

中铝集团坚持以引领行业绿色低碳发展为己任，牵头发起成立了中国有色金属绿色低碳发展创新联合体；围绕“双碳”目标，认真梳理行业的“卡脖子”技术，着力解决制约有色金属绿色低碳发展的重大科技问题，不断提升绿色低碳技术的创新和应用水平，推动节能降碳工作向纵深发展。

中铝集团通过协同行业科技资源，加大低碳绿色技术研发，在推动能源效率提升和低碳转型发展中勇当引领者、推动者和先行者。

6. 造纸行业

以岳阳林纸股份有限公司（以下简称“岳阳林纸”）为例，岳阳林纸成立了湖南森海碳汇有限责任公司。湖南森海碳汇有限责任公司是岳阳林纸的全资子公司。该公司原名湖南森海林业有限责任公司，成立于 2006 年 6 月 22 日，于 2021 年 4 月 16 日更名，并将经营范围变更为碳排放权交易、核证减排量交易、温室气体自愿减排量交易、碳汇开发、碳汇交易。

岳阳林纸顺应全球绿色低碳发展潮流，布局碳中和，以大面积森林基地为基础，积极开展林业碳汇新业务，助力公司可持续发展，充分挖掘公司林业资产的最大价值。与壳牌能源（中国）有限公司合作，成为湖南省首家进入碳交易市场的央企。

7. 民用航空行业

以中国南方航空股份有限公司（以下简称“南方航空”）为例，南方航空组建了碳管理团队。

南方航空自主研发的“航油 e 云”实时大数据共享平台，成功实现飞机加油全流程电子化管理和大数据共享，每年可减少浪费航油约 1500 吨。[1]

南方航空大力推进先进生物液体燃料、可持续航空燃料等替代传统燃油，提升终端燃油产品能效提升机场运行电动化智能化水平，发展新能源航空器提升民航运行管理效率，引导航空企业加强智慧运行，实现系统化节能降碳。到 2030 年，民用运输机场场内车辆装备等力争全面实现电动化。

[1] 碳资产管理价值、流程及八大行业案例 [OL]. 搜狐财经，2022-6-14.

第三节　碳排放数字化核算

碳排放统计核算是做好碳达峰、碳中和工作的重要基础，是制定政策、推动工作、开展考核、谈判履约的重要依据。

国家发展改革委、国家统计局、生态环境部于 2022 年下半年印发了《关于加快建立统一规范的碳排放统计核算体系实施方案》（以下简称《方案》），提出加快建立统一规范的碳排放统计核算体系，完善工作机制，建立科学的核算方法，系统掌握我国碳排放总体情况，为统筹有序做好碳达峰碳中和工作、促进经济社会发展全面绿色转型提供坚实的数据支撑与基础保障。为此，《方案》提出了四项重点任务和五项保障措施。

《方案》提出，加强碳排放统计核算信息化能力建设，加快推进 5G、大数据、云计算、区块链等现代信息技术的应用，优化数据采集、处理、存储方式。探索卫星遥感高精度连续测量技术等监测技术的应用。

数字化技术赋能节能减排降碳已成行业共识。其中，碳排放统计核算是碳达峰、碳中和所有工作的基础。在企业中，碳排放的计量、设备或工艺技术改造以及交易环节，均需进一步深化应用信息技术。

《方案》提出，为贯彻落实《中共中央 国务院关于完整准确全面贯彻新发展理念做好碳达峰碳中和工作的意见》和《2030年前碳达峰行动方案》部署要求，必须加快建立统一规范的碳排放统计核算体系。建立统一规范的碳排放统计核算体系的工作原则如下：

（1）坚持从实际出发。立足于国情实际和工作基础，围绕我国碳达峰碳中和工作的阶段特征和目标任务，加快建立统一规范的碳排放统计核算体系。

（2）坚持系统推进。加强碳达峰碳中和工作领导小组对碳排放统计核算工作的统一领导，理顺工作机制，优化工作流程，形成各司其职、协同高效的工作格局。

（3）坚持问题导向。聚焦碳排放统计核算工作面临的突出困难挑战，深入分析、科学谋划，推动补齐短板弱项、强化支撑保障，筑牢工作基础。

（4）坚持科学适用。借鉴国际成熟经验，充分结合我国国情特点，按照急用先行、先易后难的顺序，有序制定各级各类碳排放统计核算方法，做到体系完备、方法统一、形式规范。

第四节　碳管理数字化平台

当下，用数字化技术赋能碳的全周期管理已经起步，虽然数字化的碳管理产品市场尚处于起步期，但其发展迅速。碳管理数字化平台于 2021 年开始陆续发布，本文主要介绍以下平台。

1. 新耀低碳数字化平台

该平台是朗新集团旗下公司新耀能源自主研发的低碳数字化平台，运用大数据、云计算与物联网新一代采集技术，将数字化和“双碳”有序结合，为政府、企业、园区和个人提供低碳解决方案和服务。

新耀低碳数字化平台的功能覆盖范围包括：①碳核算：数据采集、排放因子库、碳排放计算、碳减排计算；②双碳服务：综合能源服务、碳普惠服务、碳账户服务；③双碳管理：碳排放管理、碳减排管理、碳达峰管理、碳汇管理、碳中和管理、碳画像；④全景驾驶舱：综合态势、碳排放、碳减排、能源监测、双碳行动、碳汇、碳普惠、碳达峰、碳中和。

2. 海纳碳管理平台

2021 年 11 月 26 日，普洛斯旗下的数字科技公司际链科技推出“一站式”数字化碳管理平台——海纳碳管理平台（Carbon Xpert）。

普洛斯上海宝山物流园已率先应用海纳碳管理平台。在该园区，海纳碳管理平台从园区和租户两个维度构建了一个碳核算体系，全面识别并精准核算碳排放量，实现园区碳排放和碳减排全程的数字化可视化管控。同时，际链科技还为天正电气位于嘉兴的制造基地提供产业园区碳管理系统以及配电设备 AI 智能监测诊断解决方案。

3. 碳云 Ccloud

2021 年 7 月 9 日，中国首个“一站式”碳排放管理平台——碳云 Ccloud 发布，该平台是碳阻迹自主研发的面向企业端“一站式”碳管理平台，囊括了神碳、碳盘查、碳资产管理、产品碳足迹、碳智汇、碳学堂、碳中和等一系列功能板块，是企业碳中和、碳管理专业且便利的大脑和工具。

4. 碳矩阵

2021 年 9 月 7 日，蚂蚁集团上线蚂蚁链企业碳中和管理 SaaS 产品碳矩阵，基于区块链等技术能力，为企业提供在线碳盘查等服务，并以此为基础，提供碳中和全流程服务的企业碳管理生态平台。

碳矩阵利用区块链技术不可篡改和可溯源的特点，使得蚂蚁自身碳排放、碳减排、清结算、监管、审计等过程公开透明，相关记录可随时追溯查证。

同时，碳矩阵可以实现企业碳中和数据统一平台管理及数据可视化，以及链上第三方专业机构认证和颁发证书。区块链安全计算的能力能帮助企业在确保数据安全的前提下披露环境相关数据。

5. 方舟碳管理系统

2021 年 4 月 22 日，远景集团发布方舟碳管理系统，该系统基于智能物联网技术，能实时监测企业或机构的碳足迹，覆盖电、暖、气、热及可再生能源等领域，并自动生成碳排放报告，还能模拟优化企业的减排路径。

方舟碳管理系统通过三步为企业实现零碳闭环：第一步碳核查，第二步持续跟踪并管理碳排放，第三步通过绿证交易实现零碳闭环。

该系统依托 EnOS 智能物联操作系统，将产生碳排放和中和碳排放的数据都接入云端，覆盖电、暖、气、热及可再生能源领域，并且实时更新。基于超算中心和数字孪生技术，不仅实现了整体的碳足迹分析、碳中和路径规划和目标跟踪，还实现了在重点能耗设备上完成功率追踪、实时调整、预防性维护的策略。

6. S-Carbon 数字化碳管理智能云平台

2021 年 11 月 8 日，通标标准技术服务有限公司（SGS 中国）宣布与微软公司合作，全球首发运行于微软智能云上的业界首个双标准S-Carbon数字化碳管理智能云平台。

S-Carbon数字化碳管理智能云平台以SGS温室气体核算及验证解决方案、温室气体数据管理系统为基础，采用国际公认的方法对碳排放绩效进行量化和呈现，能够为企业用户选择最合适的区域、参考数据和方法进行碳排放计算。其分析结果符合“温室气体排放核算方法与报告指南”的要求，也满足国际ISO 14064-1量化和报告指南的要求。借助这一系统平台，企业可以轻松地管理和追踪已订立的减排目标，并对各业务合作伙伴的碳绩效进行跟踪和管理。

目前，S-Carbon平台的核心功能包括供应商碳排放管理、全供应链排放数据联网采集、可取代碳排放量化管理中的人工操作、为企业用户建立和分析碳排放情况、将实际排放情况与预估排放目标进行对比，并提供分别满足中国与国际量化认证标准的两套排放计算结果。

7. 浪潮碳管云

2021年11月25日，浪潮集团发布碳管云产品。浪潮碳管云是一个集碳排放计量、减排管理、配额交易于一体的平台，支持对产品全生命周期、企业碳履约全过程、重点排放行业全链条的碳管理，包含碳足迹、碳资产、碳会计、碳履约、碳信批等八大模块。

8. 能耗宝

2022 年 2 月 23 日，阿里云发布数字化产品能耗宝，定位为企业碳中和的贴身管家。能耗宝不是一个专门的碳管理系统，拥有能耗管理和碳管理两大功能。

能耗宝是阿里云在“双碳”目标大背景下推出“双碳”及能源管理的应用服务产品，从企业能耗优化出发，提供碳计量、认证、交易的节能降碳“一站式”服务平台。[1]

第五节　环境权益数字化开发

环境权益是公众对环境享有的包括日照权、清洁空气权、清洁水权、优美景观权等法益。环境侵权行为不侵害环境权益，侵害环境权行为才侵害环境权益。环境权益不能通过侵权法来救济，只能通过环境法及其他公法得以救济。

《中华人民共和国国民经济和社会发展第十四个五年规划和 2035 年远景目标纲要》提出，推进排污权、用能权、用水权、碳排放权市

[1] 汪军 . 碳管理：从零通往碳中和 [M]. 北京：电子工业出版社，2022.

场化交易。这为构建多层次环境权益交易市场提供了必备的顶层政策支撑。

多层次环境权益交易市场包含碳排放权、排污权、用能权、水权等多种环境权益类型，覆盖企业和社会公众。几类环境权益的配额交易在总量目标设定、配额（指标）分配和交易的环节相对独立，减排量市场作为配额市场调节机制，在项目类型和方法学上也是相对独立的。因此，配额市场和减排量市场的协同应体现在管理流程、工作安排、数据流转、支撑平台等方面的一体化建设；普惠市场旨在带动社会公众践行绿色发展、鼓励绿色低碳行为，其以积分为流通载体的机制设计更加简单、灵活，体系更具开放性。

当前，我国数字经济正迈入全面发展新时代，互联网、大数据、云计算、人工智能、区块链等技术加速创新，日益融入经济社会发展各领域，并成为高质量发展的重要引擎。数字经济不仅是新的经济增长点，还是改造提升传统产业的支点，有利于推动构建新发展格局。对于生态环境保护工作来说，以数字化赋能生态环境治理、管理生态权益，既顺应新形势下数字经济发展趋势和规律，也为精准治污、科学治污、依法治污提供支撑，还为生态环境治理体系和治理能力现代化提供新的方法和路径。

近年来，以数字化赋能生态环境治理的创新实践遍地开花，旨在深入打好污染防治攻坚战，大力加强生态文明建设。全国碳排放权交易市场平稳有效运行，围绕碳排放监测与核算、绿色低碳技术、节能减排及减污降碳协同治理等领域的产学研探索和数字化管理渐成趋势。运用新技术、新手段推动制度创新，保护环境权益，进一步激发市场主体活力，已成为环境建设的新趋势。

当前，在一些领域，数字化手段对环境权益的支撑作用仍有待挖掘深化。比如，大数据平台建设和污染溯源解析等监测数据深度应用水平有待提升；区域、流域间的生态环境问题存在数据量大、信息独立、上下游难协同等治理难点，传统的环境治理技术无法高效解决。

《中华人民共和国国民经济和社会发展第十四个五年规划和 2035 年远景目标纲要》明确提出，加快数字化发展，建设数字中国。迎接数字时代，激活数据要素潜能，推进网络强国建设，加快建设数字经济、数字社会、数字政府，以数字化转型整体驱动生产方式、生活方式和治理方式变革。

《中共中央　国务院关于深入打好污染防治攻坚战的意见》也对提高生态环境治理现代化水平提出要求，包括构建服务型科技创新体系。组织开展生态环境领域科技攻关和技术创新，规范布局建设各类创新平台。加快发展节能环保产业，推广生态环境整体解决方案、托管服务和第三方治理。构建智慧高效的生态环境管理信息化体系。加强生态环境科技成果转化服务，组织开展百城千县万名专家生态环境科技帮扶行动。

数字化浪潮奔涌而来，对经济社会发展和人民生产生活方式产生了深远影响。做好生态环境保护工作，就要深刻认识发展数字经济的重大意义，乘势而上，加快生态环境治理数字化转型，充分发挥数字技术对生态环境治理的放大、叠加、倍增作用，使社会公众在环境善治和质量改善中，不断提升获得感、幸福感、安全感。

第八章
绿色产业低碳发展

第一节　绿色金融——碳中和的资本支持工具

“双碳”目标的提出已经对各行各业产生了巨大影响，实现碳中和的过程需要巨量资金弥补企业日常经营的成本上升和长期转型中持续投入的资金缺口。根据清华大学气候变化与可持续发展研究院测算，到2050年，我国若要实现《巴黎协定》提出的NDC目标，需要70.51万亿元投入；若要实现2℃的控温目标，需要127.24万亿元投入；若要实现1.5℃的控温目标，需要174.38万亿元投入。绿色金融作为具有特定用途的金融产品，是为低碳转型领域提供大规模资金补充的重要金融工具。

那么，什么是绿色金融呢？国际上，“绿色金融”的概念出现于20世纪末，由于涵盖内容宽泛，且经常与气候金融、可持续金融、环境金融等概念交叉使用，一直以来缺乏明确定义。如果归结各类概念，那么，可以认为，绿色金融是指为适应气候变化、保护环境和自然资源、鼓励经济可持续发展而开展的金融活动。

我国绿色金融起源于2015年，在《生态文明体制改革总体方案》

中，首次提出了“建立绿色金融体系”，这表明将通过绿色金融支持生态文明建设。2016 年，中国人民银行、财政部等七部委在《关于构建绿色金融体系的指导意见》中，首次对绿色金融作出了定义。绿色金融是指为支持环境改善、应对气候变化和资源节约高效利用的经济活动，即对环保、节能、清洁能源、绿色交通、绿色建筑等领域的项目投融资、项目运营、风险管理等所提供的金融服务。从定义上看，绿色金融的支持范围涵盖了碳中和工作的主要方面。随着碳中和政策体系的不断完善，各类政策也将绿色金融的发展纳入实现碳中和的长期规划中，如表 8–1 所示。

表8–1　与绿色金融有关的主要政策和主要内容

时间	政策	主要内容
2015年9月	中共中央、国务院印发《生态文明体制改革总体方案》	作为我国生态文明领域改革的顶层设计，首次明确提出要建立绿色金融体系
2016年3月	《国民经济和社会发展第十三个五年规划纲要》	明确提出了建立绿色金融体系的目标,大力发展绿色信贷、绿色债券，鼓励设立绿色发展基金等
2016年8月	中国人民银行、财政部等七部委发布《关于构建绿色金融体系的指导意见》	对“十三五”规划有关建立绿色金融体系要求的细化，从绿色信贷、绿色保险、绿色发展基金、证券市场支持绿色投资等方面提出了支持和鼓励绿色投融资的一系列激励措施
2019年5月	中国人民银行发布《关于支持绿色金融改革创新试验区发行绿色债券融资工具的通知》	鼓励和支持试验区发行绿色债券

续表

时间	政策	主要内容
2021年10月	《关于完整准确全面贯彻新发展理念做好碳达峰碳中和工作的意见》	提出积极发展绿色金融，有序推进绿色低碳金融产品和服务开发，引导各类金融机构为绿色低碳项目提供资金，鼓励企业使用绿色金融产品

经过几年的实践与积累，我国绿色金融快速发展，主要产品的累计余额快速上升，对我国节能降碳工作起到了重要的推动作用。以发展最为成熟的两类绿色金融产品——绿色信贷、绿色债券为例。绿色贷款余额在2021年年底已达16万亿元，并依然保持着较快的增长速度，根据银保监会估算，2020年，绿色信贷每年可支持节约标准煤超过3.2亿吨，减排二氧化碳当量超过7.3亿吨。绿色债券同样走在快速的发展通道上，截至2021年年底，我国绿色债券累计发行余额达1.16万亿元，在全球位居前列，年均增速达38%，每年能够带来5000万吨标准煤、1亿吨二氧化碳的减排效应。同时，包括绿色保险、绿色信托、绿色基金等绿色金融产品也在不断涌现。

与此同时，为支持绿色金融发展，从2017年起，我国陆续设立了浙江、江西、广东、贵州、甘肃、新疆六省（自治区）九地绿色金融改革创新试验区。据中国人民银行披露的数据显示，2020年年末，六省（区）九地试验区绿色贷款余额达2368.3亿元，占全部贷款余额比重的15.1%；绿色债券余额达1350亿元，同比增长66%，并在各个地区涌现出丰富的绿色金融使用实例。[1]

从供给端来说，绿色金融是推动“双碳”目标实现的重要支撑工具。一方面，绿色金融发挥传统金融产品的作用。能够向实体经济的低碳转型需求提供合适的融资服务，但在提供融资服务的过程中，传统金融更加关注的是融资对象的信用等级、还款能力等传统指标，而绿色金融则更加关注环境与气候风险的评估，要求资金流向能够提升环境效益的领域。另一方面，绿色金融发挥引导金融资源配置的作用。绿色金融可以通过分辨提高碳排放与降低碳排放的投资活动选择提供或不提供金融产品，或是提供不同利率的金融产品，进而改变高碳与低碳经济活动的相对生产成本，通过引导金融资源的配置推动碳中和。

从需求端来说，企业利用绿色金融工具推动自身的降碳工作同样具有独特优势。一是部分地区为使用绿色金融工具的企业提供了政策补贴。例如，深圳市对成功发行绿色债券的企业，按照发行规模的2%，给予单个项目单个企业最高50万元补贴；广州市对企业在交易所市场、银行间市场新发行绿色债券，按照发行费用的10%，给予最高不超过100万元的一次性补贴；在区域性股权市场发行绿色债券，按照发行费用的20%，给予最高不超过100万元的一次性补贴等。二

[1] 中国人民银行研究局.中国绿色金融发展研究报告（2019）[M].北京：中国金融出版社，2020.

是绿色金融对企业来说是更加便捷的融资渠道。国家发展改革委、证券监督管理委员会、银行间市场交易商协会都为绿色金融工具的发行和使用提供了绿色通道，提升了企业的融资效率。三是使用绿色金融是企业建设低碳品牌的良好机会。发行绿色金融工具需要经过券商、银行、第三方机构等的专业审查，获得绿色项目或者绿色主体资质，因此使用绿色金融产品是企业或项目的“绿色”属性的有力证明，是企业打造低碳品牌的一种途径；同时，随着 ESG 理念的逐渐兴起，发行绿色债券也有助于企业识别具有低碳倾向的投资者，促进企业与投资者之间的良性互动。

企业是最主要的碳排放主体，是实现“双碳”目标过程中需要付出最多努力、做出最大改变的主体。所以，对于企业来说，积极利用适合的绿色金融产品补充低碳转型资金、降低低碳转型成本是减少实现碳中和目标阻碍的重要工具。

一项业务是否属于碳中和业务、能否使用绿色金融产品具有一定的评判标准。从国内已出台的标准来看，《绿色产业指导目录（2019 年版）》《绿色债券支持项目目录（2021 年版）》是界定绿色项目的主要参考文件，其所涉及的产业和项目范围基本涵盖了碳中和工作的核心领域，是企业需要重点参考的标准。根据两份指导目录的总结，符合要求的碳中和业务可分为以下四个类别。

（1）清洁能源建设与运营。包括清洁能源基础设施的建设与运营，如风力发电、太阳能、生物质能、大型水力发电、核电站等；传统能源清洁高效利用，如清洁燃油生产，煤炭清洁利用，煤炭清洁生产等；能源系统高效运作，包括多能互补工程、高效储能设施、智能电网建设、燃煤发电机组调峰灵活性改造等。

（2）绿色基础设施建设与运营。包括绿色交通基础设施建设与运营，如智能交通体系建设和运营，城乡公共交通系统建设和运营，充电、换电、加氢和加气设施建设和运营等；绿色建筑，包括超低能耗建筑、装配式建筑等。

（3）工业制造业低碳改造。主要集中在节能环保与清洁生产改造领域，涵盖了产业园区绿色升级、无毒无害原料替代使用与危险废物治理、生产过程废气处理处置及资源化综合利用等。

（4）低碳创新类业务。主要包括与低碳相关的战略性新兴产业领域，如低碳装备制造、碳捕获、利用与封存（CCUS）技术研发、低碳服务业等。

在将碳中和业务盘点清晰后，企业需要明确当前主流绿色金融产品的使用条件，用来评估产品与自身碳中和业务的匹配程度。目前，主流绿色金融产品可以分为绿色信贷、绿色企业债、绿色公司债、绿色债务融资工具、绿色基金等类型。

（1）绿色信贷。绿色信贷是适用范围最广、规模最大的绿色金融产品，是企业绿色金融的首选工具。绿色信贷的一大特点是通常情况下除贷款去向外没有其他和“绿色”相关的要求，银行对绿色贷款用途的考察一般针对单个项目，不对贷款企业的业务范围进行要求，其余标准主要根据银行对企业项目评估情况而定。同时，绿色信贷得到了监管机构的大力推行，中国人民银行于 2021 年 11 月推出了碳减排支持工具，为全国性金融机构提供碳减排贷款本金，再由金融机构将资金投入清洁能源、节能环保、碳减排技术三个领域，并将绿色信贷、绿色债券等金融业务正式纳入中国人民银行对 21 家政策性银行和头部商业银行的考核业务覆盖范围，评价结果将被纳入中国人民银行金融机构评级等政策和审慎管理工具。

（2）绿色企业债。绿色企业债受国家发展改革委监管，是一种发行条件、资金使用、信息披露方面的要求都相对宽松的绿色金融品种。与一般企业债相比，绿色企业债可以提供更加快速的审核通道、允许用于补充企业运营资金的比例更大、允许增信的手段更多，并且没有要求企业对融资项目的环境气候信息进行披露，因此，对于当前低碳业务占比较低、未开展绿色认证工作的企业来说，这是比较合适的绿色金融融资工具。

（3）绿色公司债。绿色公司债由证监会监管，相比绿色企业债，绿色公司债在资金去向方面的要求更加严格，所募集资金必须有 70% 用于绿色项目建设、运营、收购或偿还绿色项目贷款（高于绿色企业债的 50%）；同时，绿色公司债要求发行人必须在募集说明书中披露拟投资的绿色项目情况，包括但不限于绿色项目类别、项目认定依据或标准和环境效益目标等内容，而且需要主承销商核查、发表核查意见。

（4）绿色债务融资工具。银行间市场交易商协会在 2017 年推出了绿色债务融资工具，其对发行条件、资金用途、信息披露的要求最为严格，适用于已具备一定低碳业务基础、开展过绿色项目认证的企业。绿色债务融资工具要求募集资金全部用于绿色项目，不得用于补流；同时，要求企业应于每年 4 月 30 日前披露上一年度募集资金使用和绿色项目进展情况；每年 8 月 31 日前，披露本年度上半年募集资金使用和绿色项目进展情况。

同样地，中国银行间市场交易商协会推出了碳中和债，更具针对性地为碳减排项目提供资金。相比常规的绿色债务融资工具，碳中和债建议发行人聘请第三方专业机构出具评估认证报告，以提升项目减排效果的可信度；同时，明确要求发行人在募集说明书、评估认证报告（如有）中详细披露项目环境效益的测算方法、参考依据等；在募集说明书重要提示和募集资金运用章节显著表示本次募投项目预期达到的碳减排效果。

（5）绿色基金。绿色基金是指针对节能减排战略、低碳经济发展、环境优化改造项目而建立的专项投资基金，其目的是通过资本投入促进节能、低碳等事业的发展。与绿色信贷、绿色债券相比，绿色基金暂时缺乏成熟的使用标准，当前也多以“绿色”为投资主题的产业基金形式存在，企业可以选择组建绿色基金进行低碳业务的布局。[1]

第二节　绿色科技——数字技术支持低碳发展

绿色科技，指的是以保护人体健康和人类赖以生存的环境，促进经济可持续发展为核心内容的所有科技活动。绿色科技涉及能源节约，环境保护以及其他绿色能源等领域。绿色科技实质上是指能够促进人类长远生存和可持续发展，有利于人与自然共存共生的科学技术。它不仅包括硬件，如污染控制设备、生态监测仪器以及清洁生产技术；还包括软件，如具体操作方式和运营方法，以及那些旨在保护环境的

[1] 清华大学国家金融研究院绿色金融研究中心．绿色金融[M]. 北京：中译出版社，2022.

工作与活动。高效、节约、环保的绿色科技产业是拉动经济最大的动力引擎。

绿色科技的范畴包括：绿色产品、绿色生产工艺的设计开发，绿色新材料、新能源的开发，消费方式的改进，绿色政策、法律法规的研究，以及环境保护理论、技术和管理的研究等。

绿色科技是发展绿色经济、进一步开展环境保护和生态建设的重要技术保证。在支持低碳转型和高质量发展方面，数字经济发挥着越来越重要的作用。

近年来，国家多个部委先后出台了多项推动绿色经济和数字经济发展的实施方案或行动方案，对我国绿色发展和数字经济发展发挥了积极作用。绿色技术或数字技术的联结越来越受到重视，建立中国绿色技术和数字技术指标体系势在必行。这一体系是利用世界知识产权组织公布的全球 100 多个国家、35 类专利数据和新的统计方法对绿色或数字专利进行选择分类加权，进而编制的包括各国以至全球绿色技术和数字技术发展指标、国际化指标和自主度指标（或依赖度指标）在内的绿色指标体系，实际上给出了 ESG 在国家层面和企业层面“E”这个核心指标的度量结果。

当下，数字化和低碳化已成为经济社会发展的两大趋势，推动数字化和绿色低碳化协同发展，成为重要课题。数字化手段通过杠杆效应使能耗低碳化，可助力“双碳”目标实现。全球电子可持续性倡议组织（GeSI）预计，到2030年，信息通信技术（ICT）将助力全球二氧化碳当量排放减少20%。

数字化、低碳化这两大趋势不是割裂的，而是相互促进、相互渗透的，最终实现生态共赢。数字经济具有平台化、共享化等典型特征，能够打破时空限制，推动各类资源要素快捷流动，实现有效对接和精准匹配，提高资源利用率和生产效率。绿色低碳发展为数字经济提供了优质的应用场景，创造了广泛的市场需求。总体来看，数字化可从多个方面赋能绿色低碳发展。

那么，如何才能更有效地运用数字化技术推动低碳转型呢？一是加快推动全社会全行业数字化转型。比如，通过各种生产生活场景碳排放数据的精准采集和可视化分析，提升城市资源使用效率。二是加快构建统一的绿色低碳市场体系。比如，建立信息共享机制，实现资源、市场、技术、资金的互联互通，实现绿色低碳项目和企业的供应链可追溯，提高绿色低碳项目的融资规模和绿色低碳行业的融资水平。

第三节　绿色能源——碳中和的催化剂

2022年的气候危机让全世界人民意识到我们正处在气候行动的关键时刻，应对全球气候变化是世界各国发展所面临的严峻、紧迫而长期的挑战。碳中和已经成为全球性、世界性的呼声，实现碳中和，发展绿色能源、摆脱对化石燃料的依赖，是一个必然的选择。

能源是人类社会生产的强大动力。中国的能源蕴藏量位居世界前列，同时中国也是世界上最大的能源生产国和能源消费国。推进能源绿色低碳转型，是中国加速脱碳进程、实现“双碳”目标的关键。

碳中和的实现，需要在正确认识“双碳”目标的基础上，以新的产业结构、生产方式、生活方式，走出一条绿色低碳的发展道路。在这条道路上，绿色能源发挥着重要作用。可以说，绿色能源是碳中和的一大核心，更是碳中和的“催化剂”。

国际数字化转型专家、全球碳中和生态战略专家HPE首席数字官（CDO）、“未来数字谷”全球首席战略官、美国纽约大学客座教授杨震寰（Jerry Yang）提出："绿色能源，是未来世界的必然选择。"他还举例说明，假如人类的第一个发明是用风产生动力，并直接用电池储能，那么，人类很可能就在风力发电、太阳能发电或者清洁能源领域不断深入研究。但实际上，在风能之前人类先发现了石油。以石油为基础的能源很容易被人类所利用，并且产生动力，进而被人类广泛地开采与应用。石油之所以能够成为这个世界上最重要的资源之一，正是因为人类的发现与持续的发展使用。如今，化石燃料的时代即将成为过去，能源革命成为未来世界的必然选择。除了煤炭和石油，还有太阳能、水能、风能、潮汐能和地热能等，这些清洁的绿色能源正在快速发展，并将逐步替代传统能源。

在 2022 年北京冬奥会上，中国向世界展现了推动绿色能源发展的信心与成就。北京冬奥会有三大赛区 26 个场馆，全部使用了绿色电力，并由多家能源企业共同助力，这是奥运历史上第一次真正意义上的"绿色奥运"。"张北的风点亮北京的灯"，这非常生动地展示出中国发展绿色能源并实现碳中和的信心与态度。

数字技术的更迭创新，将为绿色能源带来全新的机遇。绿色能源不仅在加速产业转型，更在各个领域孕育着变革。例如，"数字新基建"正为能源数字化转型提供强大的动力，也带动着大数据、云计算等新一代数字技术实现更快更好发展。

处在数字经济时代，新能源技术、通信技术、人工智能技术等技术领域的发展与应用，为能源的高效利用及结构调整，提供了更多可能。技术的更迭与创新，将更好地推动能源转型，并实现对碳中和绿色转型的全面赋能。我们能够以云计算为基础，结合人工智能和大数据技术，推动城市系统的智能化、节能化和零碳化，进而推动绿色能源的发展。我们也可以利用数字化、CCUS 等技术，构建具备智能感知、智慧运行、智慧减排等核心能力的未来电厂。

数字经济和实体经济的进一步深度融合，将为能源行业带来全新的机遇和挑战。数字化可以为能源转型和绿色低碳发展铺设出一条“数字之路”。

杨震寰还提出：“能源互联，共建绿色和谐的全球生态文明。”

能源互联网可以使能源的利用方式与效果，朝绿色低碳、安全高效方向发展。

中国第一个虚拟电厂（VPP）平台在深圳开始试运行，为传统的电网调度模式提供了全新的解决方案。这是一个良好的开始，充分利用数据在能源互联网中的作用，将会创造出更多应用场景和商业模式。同时，也将带动实体工业的转型升级，一些新型的产业机会由此而生。

能源行业是实现“双碳”目标的关键领域，数字化技术的应用是推动能源产业实现高效节能、绿色低碳的重要手段之一。国务院印发的《“十四五”数字经济发展规划》提出，加快能源领域数字化转型。近年来，能源行业数字化转型步伐加快，推动能源系统效率大幅提高。能源系统向低碳化、分散化和数字化转型已成为必然趋势。

第四节　绿色制造——数字管理助力节能减排降碳

绿色制造，也称环境意识制造、面向环境的制造等，是一种综合考虑环境影响和资源效益的现代化制造模式。

绿色制造技术，是指在保证产品的功能、质量、成本的前提下，综合考虑环境影响和资源效率的现代制造模式。它使产品从设计、制造、使用到报废整个产品生命周期中不产生环境污染或环境污染最小化，符合环境保护要求，对生态环境无害或危害极少，可以节约资源和能源，使资源利用率最高，能源消耗最低。

当前，世界上掀起一股“绿色浪潮”，环境问题已经成为世界各国关注的热点。制造业将改变传统的制造模式，推行绿色制造技术，发展相关的绿色材料、绿色能源和绿色设计数据库、知识库等基础技术，生产出能够保护环境、提高资源效率的绿色产品，如绿色汽车、绿色冰箱等，并用法律、法规规范企业行为。随着人们环保意识的增强，那些不推行绿色制造技术和不生产绿色产品的企业，将在市场竞争中被淘汰。由此可见，发展绿色制造技术势在必行。

绿色制造涉及产品生命周期全过程，以及企业生产经营活动的各个方面，因而是一项复杂的系统工程。因此，要真正有效地实施绿色制造，必须从系统和集成的角度来考虑与研究绿色制造中的有关问题。

当前，绿色制造的集成功能目标体系、产品和工艺设计与材料选择系统的集成、用户需求与产品使用的集成、绿色制造的问题领域集成、绿色制造系统中的信息集成、绿色制造的过程集成等集成技术的研究将成为绿色制造的重要研究内容。

数字管理，尤其是智能化、人工智能和智能制造技术将在绿色制造研究中发挥重要作用。绿色制造的决策目标体系是现有制造系统TQCS［即产品上市时间（T）、产品质量（Q）、产品成本（C）和为用户提供的服务（S）］目标体系与环境影响（E）和资源消耗（R）的集成，即形成了TQCSER的决策目标体系。要优化这些目标，采用一般数学方法往往难以达到目的，需要用人工智能方法来解决。另外，在绿色产品评估指标体系及评估专家系统，均需人工智能和智能制造技术。基于此，知识系统、模糊系统和神经网络等人工智能技术将在绿色制造研究开发中起到重要作用。

绿色制造涉及三部分领域的问题：一是制造问题，包括产品生命周期全过程；二是环境保护问题；三是资源优化利用问题。

绿色制造是“从摇篮到坟墓”的制造方式。它强调在产品的整个生命周期的每一个阶段并行、全面地考虑资源因素和环境因素，体现了现代制造科学的“大制造、大过程、学科交叉”的特点。绿色制造倡导高效、清洁制造方法的开发及应用，以达到绿色设计目标的要求。这些目标包括提高各种资源的转换效率、减少所产生的污染物类型及数量、材料的有效回收利用等。

绿色制造还强调生产制造过程的“绿色性”。这意味着它不仅要求对环境的负影响最小，还要达到保护环境的目的。

绿色制造对输入制造系统的一切资源的利用达到最大化。粗放式能源消耗导致的资源枯竭是人类可持续发展面临的最大难题，如何高效利用有限的资源获得最大效益，使子孙后代有资源可用是人类生产活动亟待解决的重大问题。

这些都决定了绿色制造必然要走向数字管理的道路，从而达到其节能减排降碳的最终目的。推进绿色转型、发展数字管理、完善节能减排政策体系，对系统性推进工业绿色转型发展意义重大。

第五节　绿色交通——聚焦低碳运输

绿色交通，广义上是指采用低污染，适合都市环境的运输工具，来完成社会经济活动的一种交通概念。狭义是指为节省建设维护费用而建立的低污染的、有利于城市环境多元化的协和交通运输系统。

从交通方式来看，绿色交通体系包括步行交通、自行车交通、常规公共交通和轨道交通。从交通工具上看，绿色交通工具包括各种低污染车辆，如双能源汽车、天然气汽车、电动汽车、氢气动力车、太阳能汽车等。绿色交通还包括各种电气化交通工具，如无轨电车、有轨电车、轻轨、地铁等。

绿色交通是一个全新的理念，它与解决环境污染问题的可持续性发展概念一脉相承。它强调的是城市交通的“绿色性”，即减轻交通拥挤，减少环境污染，促进社会公平，合理利用资源。其本质是建立维持城市可持续发展的交通体系，以满足人们的交通需求，以最少的社会成本实现最大的交通效率。绿色交通理念应该成为现代城市轨道交通网络规划的指导思想，将绿色交通理念注入城市轨道交通网络规划优化决策中，研究城市的开发强度与交通容量和环境容量的关系，使土地使用和轨道交通系统二者协调发展。这种理念包括通达、有序；安全、舒适；低能耗、低污染。

当绿色交通成为社会发展趋势时，聚焦低碳运输就成为交通行业的新热点。低碳浪潮中的低碳，泛指保护地球生态环境的活动、行为、计划和思想观念在经济活动中的体现。低碳运输是指以降低污染物排放、减少资源消耗为目标，通过先进的物流技术和面向环境管理的理念，进行物流系统的规划、控制、管理和实施的过程。低碳交通运输是一种以高能效、低能耗、低污染、低排放为特征的交通发展方式。其核心是提高交通运输的能源效率，改善交通运输的用能结构，优化交通运输的发展方式。其目的在于使交通基础设施和公共运输体系最终减少以传统化石能源为代表的高碳能源的高强度消耗。

粗放型交通运输发展方式主要依靠土地、资源等高投入，会对环境造成较大污染，交通运输的全要素生产率低下，因此，要加快构建低碳交通体系。交通运输是制约我国经济社会发展的瓶颈，我国将在加快建立以低碳为特征的交通运输体系，大力发展绿色交通运输，加强高效环保、气候友好的交通运输技术的研究和推广；推动新能源和清洁车辆的开发应用，鼓励发展技术先进、经济安全、环保节能的运输装备，加快淘汰技术落后、污染严重、效能低下的运输装备，促进智能交通发展；落实环境保护措施，发展可再生能源，积极推动沥青、钢材等资源的再生和循环利用，提高利用效率和使用效能。

在我国，汽车尾气排放已成为大中城市污染的主要来源之一，聚焦低碳运输就要尽可能防止和减少交通建设、运输对生态环境的不利影响，使交通运输发展与生态环境相协调，转变交通运输发展方式，尽可能选择对环境影响小的运输方式，低碳化、重减排、体系化、综合性、系统性地向低碳运输方式转变。

运输是物流的主要环节之一。交通基础设施、载运工具、信息及运输组织所构成的运输系统是物流管理系统中的重要组成部分。通过运输活动，物流系统的各个环节有机地联系起来，物流系统的目标才得以实现。运输在物流活动全过程中发挥着举足轻重的作用，于是传统的、粗放型的运输模式必将对低碳运输的发展产生阻碍。目前，绿色物流在我国仍然属于一个新概念，绿色物流的发展还不成熟。运输作为物流活动的一个重要环节，运输的绿色低碳化将大力推动绿色物流的发展。

第六节 绿色生活——助力碳中和

社会由每一个人组成，助力碳中和是每个人的责任。在生活实践中，绿色生活方式是每个人能够助力碳中和的有效行动途径。绿色生活方式是指以通过倡导居民使用绿色产品，倡导民众参与绿色志愿服务活动，引导民众树立绿色增长、共建共享理念，使绿色消费、绿色出行、绿色居住成为人们的自觉行动，让人们在充分享受绿色发展所带来的便利和舒适的同时，充分履行自己应尽的责任，按照自然、环保、节俭、健康的方式工作和生活。

目前，绿色生活方式随处可见，从绿色出行到绿色支付，从绿色办公到绿色建筑，从错峰出行、错峰用电到垃圾分类……总体而言，助力碳中和，可以从以下方面行动起来。

多携带手帕，减少使用面纸，卫生又环保。

尽量搭乘公交车，多走路、骑脚踏车，不仅有益身体健康，还可以减少汽车使用量，减少废气的产生。

轻便出门，服装以轻便、节能为主。

使用替代能源，如太阳能、风能与天然气等，尽量少使用石油等，帮助地球节省永续能源。

停车立即熄火，减少废气排放量。

自备环保筷和水壶水杯，减少一次性餐具、纸杯和瓶装水的使用量。

多用再生产品。再生纸浆可减少砍树，消耗的能源也相对较少，还能减少固体废弃物的产生。

使用节能灯泡，及时关灯。

多开窗少用电，随手将使用完毕的电器用品的电源关上。

做好垃圾分类。

定期保养汽车，随时保持轮胎的正常胎压，可提升汽油使用效能，节省汽油，减少二氧化碳的产生。

节约用水，改用省水莲蓬头。

不买过度包装的礼品。

在外用餐时吃多少点多少，在家用餐时吃多少做多少，养成良好习惯，减少厨余垃圾量。

第七节　绿色智慧城市——低碳规划与治理

2022年，由国家工业信息安全发展研究中心、中国产业互联网发展联盟、工业大数据分析与集成应用工信部重点实验室、人民网财经研究院、联想集团共同编制的《智慧城市白皮书——依托智慧服务，共创新型智慧城市（2022年）》（以下简称《白皮书》）正式发布。《白皮书》通过梳理近年来智慧城市发展脉络，总结研判发展实践过程中的新变化、新内涵，提出了一系列智慧城市建设的新理念、新架构、新建议，旨在为建设应用技术先进、社会效益良好、生态环境友好的新型智慧城市提供参考。

当前，5G、物联网、工业互联网等新一代信息技术的广泛应用，正引领智慧城市相关综合解决方案朝着走深向实、协同布局、社会与生态共赢的方向发展，智慧城市建设也将步入一个崭新阶段。

《白皮书》指出，步入新阶段，智慧城市除继续下沉外，其具体运营方式及在运营中如何自我革新将成为“重头戏”。一方面，智慧城市投资将会继续加码。智慧城市基础设施如物联网、环境传感器、全光网络、5G 全覆盖、人脸识别与物体识别摄像头、智能抄表、车联网等将是智慧城市的重点投向。同时，智慧城市投资将会从物理延伸到数字世界，智慧城市基础设施将不再只是道路、高架桥、水电等，而是承载了城市管理的信息基础设施，这些信息基础设施将与物理基础设施逐步实现物网融合。另一方面，随着科技设备的井喷式发展，针对科技设备和数字空间的设计、运营、维护、培训、管理等全流程服务成为重点，如何用好智慧城市将是下一阶段的重点任务。

现阶段的新型智慧城市建设仍存在一些问题，例如重视概念炒作，轻视理念更新；重视数据采集，轻视平台建设；重视项目建设，轻视顶层设计……对此，《白皮书》认为，未来，智慧城市建设将在创新协同、为民服务、数据共享、产业赋能、安全保障、绿色低碳等方面出现新的发展导向。

同时，《白皮书》为“十四五”时期全新的智慧城市建设与发展方式描绘了新蓝图：“新 IT 技术 + 全程服务”是智慧城市的新抓手；“数字空间 + 现实空间”是智慧城市的新落脚点；“普惠民生 + 生态和谐”是智慧城市的新目标；“低碳环保 + 绿色发展”是智慧城市的新焦点。未来，随着智慧城市的进一步发展，中国智慧城市将呈现出“城市数字化到数字化城市”“建设智慧城市到运营智慧城市”“人与人的连接到万物互联”的新趋势。

当下，城市是“双碳”目标实现的最大应用场景，开展绿色智慧城市建设是全面开展“双碳”目标的强有力推进方式。绿色智慧城市建设的关键是推动多能互补、能源数据融通与利用，实现城市能源绿色化转型。

绿色智慧城市应致力于提高城市运行效率，包括城市治理效率、交通效率、居民生活更加便捷等，通过数字化手段助力城市中的各种生活场景达到节能减排的效果。数字孪生也是建设绿色智慧城市的手段之一。通过构建城市物理世界、网络虚拟空间的一一对应、相互映射、协同交互的复杂系统，在网络空间再造一个与之匹配、对应的“孪生城市”，实现城市全要素数字化和虚拟化、城市全状态实时化和可视化、城市管理决策协同化和智能化。这意味着，这一模型可以根据数据，对城市碳达峰时间及碳中和时间进行科学的推演，并在一个区域内助推碳平衡。

除此之外，应对传统 IT 基础设施进行绿色升级，同时建设城市绿色能源基础设施。在城市智慧化转型过程中，保证大量 IT 基础设施应用不会对“双碳”产生副作用。

第八节　绿色投资——数字产业新经济

关于绿色投资，有不同的定义。有学者认为，绿色投资就是环境保护投资。有学者认为，绿色投资与绿色 GDP 相联系，即凡是用于增加绿色 GDP 的货币资金（包括其他经济资源）的投入，都是绿色投资。西方国家学者主要是从企业的社会责任角度出发，通常把绿色投资称作“社会责任投资”，认为它是一种基于环境准则、社会准则、金钱回报准则的投资模式，它考虑了经济、社会、环境三重底线，也称作三重盈余，因此，绿色投资又叫作三重盈余投资。绿色投资顺应可持续发展战略，综合考虑经济、社会、环境等因素，促使企业在追求经济利益的同时，积极承担相应的社会责任，从而为投资者和社会带来持续发展的价值。

有学者从个人投资理财出发，认为绿色投资是“依据国际普遍接受的道德准则，来筛选实际的投资理财活动”。这种投资理财活动不仅包括个别公司股票的投资，还包含个别公司债券及其他信用工具和共同基金等。选择被投企业的标准是社会形象较佳，没有破坏环境的记录。这种选择标准有利于促使金融机构更为重视社会责任及公众利益。

无论哪一种定义，其要点都有关于环境的社会责任要素，因此都是对环境保护的一种投资策略。传统投资模式是在传统经济下形成的，它的主要特征是在不考虑资源短缺和保护环境，或者较少考虑这些因素与后果的前提下，通过资本投入达到盈利的目的，赚取利润是投资的唯一目标。这种投资行为使厂商在生产过程中，容易忽视生产所带来的对社会和环境的消极影响，放弃企业的社会责任。绿色投资则相反。绿色投资形成绿色生产力，表现为：在生产上，实行清洁生产，即省能、节料、无废或少废的物资循环型生产；在产品上，小型化（少废料）、多功能（用处多）、可回收利用，对环境污染少；在环境保护上，表现为生产与环境保护同时进行，生产过程既是产出过程，也是防污和治污过程。

绿色投资形成的资本是绿色资本，是一种能够推动绿色 GDP 增长的资本。这种绿色资本投资所形成的生产力不同于传统意义上的生产力，是人类在长期的生产中探索出的人与自然和谐发展的能力。绿色投资活动的产出，是绿色 GDP 的增加，它反映了环境价值在 GDP 中的重要作用。

发达国家在其发展初期，曾经大量消耗资源和破坏环境，特别是在工业化过程中给环境带来严重的污染。但是，随着科技发展和对环境的重视，资源和环境得到保护，并且在不平等的国际贸易中，发达国家将环境污染严重和资源耗费量大的产业转移到发展中国家和地区，因而资源瓶颈和环境问题相较发展中国家较轻。但是，由于地球上的自然资源是有限的，地球环境是共同的，无论哪一个国家和地区破坏了生态环境，大量耗费了自然资源，都将对人类社会的发展产生不利影响。资源瓶颈和环境约束成为经济增长的障碍，这一点已经引起社会有识之士的重视。

绿色投资的提出是绿色经济发展的必然结果，也是人类在面临越来越严重的环境问题和资源约束问题时首先选择的投资方式。根据绿色投资的定义，即用于保护自然资源和生态环境的投资，绿色投资对于解决资源瓶颈和环境问题具有积极意义。

绿色投资的提出，促进了数字产业新经济的发展，要求投资者在选择投资项目时，按照有利于实现经济利益、社会效益、生态效益三重原则的标准进行投资决策，因而在投资项目的立项上就保障了对资源环境的保护。绿色投资将资源合理利用、防治污染的有关措施，与生产投资相结合，在生产过程中实现对资源、环境的保护。绿色投资在污染治理方面遵循的是生产与治理同时进行，是自始至终的防治，并且重视始端治理。绿色投资促进了数字产业的发展，数字产业是保护资源、环境的经济模式，是实现可持续发展的具体途径。

第九章
政府、产业、企业、个人的数字化碳中和路径

第一节　碳达峰、碳中和战略及路径

2022年3月31日，第六届创新与新兴产业发展国际会议上，中国工程院发布重大咨询项目《我国碳达峰碳中和战略及路径》成果。该重大咨询项目由40多位院士、300多位专家、数十家单位，重点围绕产业结构、能源、电力、工业、建筑、交通、碳移除等方面展开系统研究，旨在贯彻落实中共中央、国务院关于实现碳达峰、碳中和重大决策部署，为我国实现碳达峰、碳中和提供战略及路径选择。该重大咨询项目针对实现碳达峰、碳中和战略目标，明确提出了八大战略和七条捷径。

1. 八大战略

第一，节约优先战略。秉持“节能是第一能源”理念，不断提升全社会用能效率。

第二，能源安全战略。做好化石能源兜底应急，妥善应对新能源供应不稳定，防范油气以及关键矿物对外依存风险。

第三，非化石能源替代战略。在新能源安全可靠逐步替代传统能源的基础上，不断提高非化石能源比重。

第四，再电气化战略。以电能替代和发展电制原料燃料为重点，大力提升重点部门电气化水平。

第五，资源循环利用战略。加快传统产业升级改造和业务流程再造，实现资源多级循环利用。

第六，固碳战略。坚持生态吸碳与人工用碳相结合，增强生态系统固碳能力，推进碳移除技术研发。

第七，数字化战略。全面推动数字化降碳和碳管理，助力生产生活绿色变革。

第八，国际合作战略。以构建人类命运共同体的大国责任担当，更大力度深化国际合作。

2. 七条路径

第一，提升经济发展质量和效益，以产业结构优化升级为重要手段实现经济发展与碳排放脱钩。

第二，打造清洁低碳安全高效的能源体系是实现碳达峰碳中和的关键和基础。

第三，加快构建以新能源为主体的新型电力系统，安全稳妥地实现电力行业净零碳排放。

第四，以电气化和深度脱碳技术为支撑，推动工业部门有序达峰和渐进中和。

第五，通过高比例电气化实现交通工具低碳转型，推动交通部门实现碳达峰碳中和。

第六，以突破绿色建筑关键技术为重点，实现建筑用电用热零碳排放。

第七，运筹帷幄做好实现碳中和“最后一公里”的碳移除托底技术保障。

第二节　数字新经济趋势下的碳税政策

近年来，碳定价政策成为越来越多国家激励减排的有效工具。碳定价实际是对排放二氧化碳设置的价格，通过发挥价格的信号作用，使经济主体减少排放二氧化碳，或为排放二氧化碳埋单，从而引导生产、消费和投资向低碳方向转型，实现应对气候变化与经济社会的协调发展。

碳定价主要包括碳税和碳排放权交易两种形式。前者是对二氧化碳等温室气体排放征税，后者是指企业二氧化碳排放额度的分类和交易，具体政策实施因国而异。随着各国纷纷提出碳中和目标，碳定价政策不断主流化，成为各方关注的热点。

碳税是通过税收手段，将因二氧化碳排放带来的环境成本转化为生产经营成本。碳税主要优势：一是见效快。可直接增加温室气体排放成本，快速挤压资源密集型企业利润空间，倒逼其采取节能减排或限制升温的措施，在短时间内实现大幅减排。二是实施成本低。主要依托现有税收体系实施，无须设置新机构，也无须考虑配套基础设施等问题。三是税率稳定。形成稳定的碳价格预期指引，企业可安排中长期减排计划。四是可实现收入再分配。政府可将碳税收入用于绿色项目建设或新能源技术研发，支持低碳转型。

但在具体实施过程中需要看到的是，碳税对碳排放总量控制力度不足。若碳税的税率相对较低，高排放、高收益的企业仍会维持原有生产经营模式不变，减排意愿低。

因经济结构、减排目标等方面的差异性，各国碳税发展存在较大差异，但在实践中仍存在共同之处，主要体现在碳税的税制设计、税基、征税环节、税率、税收用途、实施效果等方面。

从税制设计看，按全国推广或地区性试点、是否单列碳税税种可分为三类。一是在全国实行且作为单独税种，如芬兰、瑞典、荷兰等国为减少温室气体排放，专门设立碳排放税；二是在全国实行，不作为单独税种，而是将碳税隐含在现有税种中，如日本、意大利等国在能源消费税、环境税等现有税种中加入碳排放因素，形成隐形碳税；三是只在国内特定区域实施，且多处于试点阶段，如加拿大不列颠哥伦比亚省、美国加利福尼亚州等。

从税基选择看，通常按二氧化碳排放量为计税依据，有两种计算方法。一种方法是以二氧化碳的实际排放量为计税依据，只有智利、波兰等少数国家采用，这种方法可直接反映二氧化碳排放量，但对技术要求和实施成本高，需要企业购买二氧化碳监测设备，捕捉、测算和报告二氧化碳排放量；另一种方法以化石燃料消耗量折算的二氧化碳排放量为计税依据，在技术上更加简单易行，行政管理成本相对较低。

从征税环节来看，主要在能源最终使用环节征税，也有国家在生产环节征税。多数国家主要在能源最终使用环节征税，即谁使用、谁排放、谁缴税，纳税主体通常是下游经销商或消费者（包括企业和居民）。这种情况下，既可以按企业的实际二氧化碳排放量直接计税，也可以根据燃料消耗量、用电量等间接计税。此外，还可以在生产环节征税，如加拿大碳税的纳税主体是化石燃料的生产商、进口商和加工商，最终税负会反映在燃料价格上，由能源使用者承担。

从税率水平看，总体较低，各国分布差异巨大。碳税税率分布差异巨大的主要原因是，不同国家的减排目标不同，且部分国家除碳税以外，还有能源税或其他减排政策。根据国际货币基金组织预测，为实现 2030 年 2℃的控温目标，每吨二氧化碳定价应在 75 美元左右，而目前全球平均价格为 2 美元，与目标价格相去甚远。

从税收用途看，碳税收入通常用于补贴返还或节能减排投资。一是用于节能减排投资，主要指用于新能源技术和碳减排技术的创新研发，如丹麦将来自工业部门的碳税收入全部作为改善工业能效的投资资金，日本将部分碳税收入投资于新能源技术研发；二是用于抵扣其他税负，主要包括个人所得税、社会保障税等，如加拿大通过转移支付来补偿受碳税影响较大的居民或企业。

从实施效果看，碳税已对温室气体减排和经济低碳转型发挥了积极作用。例如英国自 2013 年实行碳税以来，燃煤电厂效益显著降低，燃煤发电量大幅下降；2014 年，天然气取代燃煤，成为英国电力供应的最主要燃料；2017 年，英国风力、生物质能发电体量均超过煤电。瑞典自实施碳税后，化石燃料在工业耗能中的比例降至 30%，能源成本在总成本中的比重也不断下降，能源结构得到明显改善。

第三节　完善碳排放权交易系统

自欧盟于 2005 年运行全球首个碳排放权交易市场以来，碳排放权交易系统（ETS）在全球的实施版图不断扩大。ETS 主要具备三方面优势。一是减排效果具有确定性。在 ETS 制度下，政府直接确定一段时间内碳排放配额总量，即二氧化碳最大排放量，因此减排成果更直观、明确，无须其他中间变量传导。二是通过价格手段促使企业减排，且具有较为完善的价格发现机制。除常规配额交易外，ETS 还可开展配额期货、期权等衍生品交易，进一步提高市场效率。三是促进跨境减排协调，不同的 ETS 间能实现互联互通，形成跨国、跨地区的碳排放权市场。连通后的 ETS 能够在更大范围内优化提高市场的流动性。但需要看到 ETS 设计难度大，运行成本高。排放配额等关键参数的确定只能靠估算，且突发状况难以预见，无法保证 ETS 按设想推进。政府需持续监测、评估 ETS 运行情况并进行相应的调整，需要占用大量的行政资源。

总体来看，全球各主要ETS的运行机制基本相同，但在交易规模、价格区间、涵盖行业、配额分配方式、市场稳定机制等方面有各自的特点。

从涵盖的部门看，所有ETS都涵盖了电力行业的碳排放。此外，大部分ETS涵盖了工业生产、交通、建筑物的碳排放，部分ETS涵盖了航空业的碳排放。

从政府的配额分配方式看，有完全拍卖、免费分配+拍卖结合、完全免费分配三种形式。一般来说，政府希望提高拍卖配额比例，因为这样能够提高排放成本，同时获得拍卖收入。

从价格调节机制的设置看，部分ETS设置了价格调节机制，避免配额交易价格过低或过高。市场稳定机制有价格控制和总量控制两种模式。价格控制模式是指设置交易价格的上限或下限。总量控制模式是指对流通中的配额总量进行控制。

从全球碳定价政策实践看，总体进展较顺畅，取得了较好的减排成效，但在实施中可能面临一些挑战。

第一，存在碳泄漏风险，不利于全球减排联动。碳泄漏是指实施碳税或ETS后，跨国企业可将高碳产业转移至低排放成本地区，致使本应减少的碳排放转移到其他地区排出，使碳税政策效果大打折扣。

第二，碳税税率水平较低，或碳排放配额过剩，不利于碳价格机制发挥调解作用。碳价格直接对标企业的碳排放成本。目前，在碳税制度上，整体税率普遍较低，在碳排放权交易制度上，政府往往高估了配额需求，甚至免费发放配额，且允许未使用配额跨年度累积，导致配额过剩，压低交易价格。对于高排放、高利润公司，碳价格偏低将削弱减排动力，达不到预期的政策效果。

第三，会加剧社会不平等问题。碳价格会推高部分生活必需品的价格，尤其是电价。生活必需品的支出在低收入群体总支出中的占比更大，导致碳税对低收入群体的影响比中高收入群体更大。因此，部分碳税收入或碳排放配额拍卖所得的收入可用于帮扶社会弱势群体。

目前，中国碳排放权交易市场筹建工作正在稳步推进，研究碳市场的金融属性，探索开展碳税试点，推动完善碳价格形成机制，充分发挥碳价格在应对气候变化方面的信号作用，有助于中国实现“双碳目标”。

第四节　碳中和趋势下的企业数字化定位

数字化企业能够整合“数字营销+数字技术+大数据”，应用数字化制造技术，基于SAAS平台，为企业建立以多种形态的软件矩阵为长期载体的数字资产。数字化企业具有自己的战略特点，它们建立了一种企业模式，能够以新的方式创造出捕捉利润，建立新的、强大的客户和员工价值理念。

所谓数字化制造技术，是指在数字化和制造技术融合的背景下，并在虚拟现实，计算机网络、数据库和多媒体等支撑技术的支持下，根据用户需求，迅速收集资源信息，对产品信息、工艺信息和资源信息进行分析、规划和重组，以实现对产品设计和功能的仿真以及原型制造，进而快速生产出达到用户要求性能的产品的整个制造过程。数字化制造已成为全球制造业发展的新趋势，我国是制造业大国，如何顺应这一发展趋势，通过数字化制造加快产业升级值得高度重视。

数字化企业由于使用数字技术，改变并极大地拓宽了自己的战略选择边界。数字化企业在内部和外部运营中使用技术作为竞争优势，通过信息技术重塑企业的基础架构和运营。

数字化企业里大多数的商业关系，诸如客户、供应商、雇员之间的关系以及核心的业务流程，都是通过数字化的信息系统进行联结和沟通的。同时，核心的企业资产，如智力成果、财务和人力资源，也是以数字化信息系统的方式进行管理和运作，也就是电子化管理。数字化企业对外部环境的反应速度比传统的企业要快得多，使之能够在竞争激烈、变化无常的市场环境中生存并保持持续的竞争力。

在数字化企业中，上至宏观战略决策、下到具体业务操作都采用数字化管理方法和手段。如果没有量化的数字，战略决策就没有依据，业务革新就没有方向。

数字化企业的概念是伴随互联网的发展而产生的。严格来说，完整意义上的数字化企业现在还很少。然而，随着互联网和通信技术的发展，数字化企业将成为21世纪国际化企业发展的必然趋势。

数字化企业的出现归因于信息技术革命。近几年，互联网、国际贸易及知识信息经济的发展，已经重新定位信息系统在贸易和管理中的地位。互联网技术开始塑造新的商业模式、流程以及知识和信息的传播方式。越来越多的企业正在依赖互联网技术，通过数字化手段展开运营。

数字化企业是数字经济的基础设施建设，数字经济的基础设施建设的核心就是数字化企业，全力发展数字化企业是构建中国数字经济底层的关键步骤。只有传统企业完成数字化转型，才能形成中国经济发展的内核力。

碳中和趋势下，如果中国大部分企业不能快速地实施数字化，仍旧采用传统的运营、管理、市场、销售方式，即使拥有先进的数字化技术，这样的企业仍不具备可持续发展的能力，自然无法承担“双碳”的企业责任。

只有大部分国内企业都实现了数字化转型，才能取得数字经济最终的胜利，只有快速、高效地进行中国企业的数字化转型，进而形成中国数字化企业的产业集群，促进碳中和的实现，才能用数字经济构建我国企业的核心竞争力。

那么，碳中和趋势下的企业数字化如何定位呢？

（1）企业管理人员形成数字化思维意识，管理人员具有数字经济知识和技能学习系统；企业通过数字化技术改造关联的规章制度和奖惩机制；管理人员通过数字化落地监督和考核系统项。

（2）企业构建围绕数字化的运营模式、管理模式，围绕数字化修订企业发展战略和商业模式；根据自身情况制订的数字化落地方案和实施计划；构建企业的数字资产、数字信用和数字商业积分体系。

（3）企业具备全面数字化的高效的软、硬件体系。企业实现内部管理增效数字化和外部市场销售增效数字化；企业通过数字化技术，诸如互联网、大数据、云技术、人工智能、区块链、虚拟现实、增强现实、底层技术、周边技术、综合应用技术等，来研发、设计、生产、运营新产品及其服务综合体系。

第五节　数字新经济下个人对碳中和的贡献

动物保护组织曾提出一个大家都耳熟能详的口号——没有买卖，就没有杀害。在数字经济下，个人对碳中和的贡献也可以套用这句话："没有消费，就没有碳排放。"正是因为每个人有各种各样的消费需求，才使这些消费的产品在生产时产生了大量碳排放。

人类排放的大部分温室气体是因为人类的消费而产生的，有70%左右的碳排放直接来自家庭和个人的消费行为。所以，从碳减排的角度来讲，个人行为在很大程度上影响碳中和的进程。

数字经济下，网购日益便利和快捷，个人消费也变得简单而频繁。很多人们之前并不知道的产品或者服务都随着数字经济的发展，进入了人们的视线。事实上，很多消费并不是必要的，网购的便利和多样使得很多人即使没有消费需求也会习惯性地在购物网站闲逛，最终为自己的冲动消费埋单。

所以数字经济下，个人首先要做的就是减少不必要的消费，防止冲动消费。那么，如何才能减少不必要的消费呢？

第一，如无明确的购物需求，不要逛购物网站和购物 App。数字新经济下，购物网站通过大数据和强大的推荐算法智能推荐，让个体很容易为呈现在面前的产品而动心，从而产生消费冲动。但只要不看，自然就不会产生冲动性购买行为。

第二，萌发购物需求时，进入购物网站后直奔主题，买完迅速退出，尽量减少眼花缭乱的购物信息对自身的诱惑。最大可能减少不必要的购买，既相对减少了碳排放，又节约了资金。

第三，尽量延长产品的使用寿命。数字新经济下，电子产品花样百出，很多电子产品发烧友，在电子产品使用寿命还未到一半时，就因为电子产品的更新换代，或者新品种电子产品的出现，将原有的电子产品当作废品处理。比如手机，由于手机更新换代速度非常快，很多人的手机并不是用坏了才换，而是因为发现新产品而更换。

第四，如今的服装行业也是碳排放的“大户”。曾经“新三年旧三年，缝缝补补又三年”的衣服，如今已经变成了“快消品”。大部分人都不会把衣服穿到破旧，甚至很多厂家在生产服装的时候就将其定义为一年左右耐久性的“快消品”，于是很多人就理所当然地将服装的寿命缩短为一年，甚至一季。随着每件衣服穿着次数的减少，因为服装消耗带来更多生产需求，必然带来更多碳排放。所以不要因为某些购物网站的优惠特价而任性购买服装，也不要随性丢掉所谓过时的衣服，要尽量选择经久耐用的品牌服装。

第五，尽量少使用一次性消耗品。一次性消耗品是最大的碳消耗类型，随着快递和外卖等行业的兴起，一次性消耗品，比如塑料袋、一次性筷子、一次性饭盒，还有大众越来越习惯消费的塑料瓶装饮料，造成了大量的碳排放。这些一次性消耗品的原料大多来自煤炭和石油，生产过程也会产生大量的碳排放，然而它们到达消费者手里后，大都不超过一天就会被扔进垃圾桶，如果按照单位使用时间来计算碳排放的话，它们是碳排放最高的产品之一。不仅如此，塑料制品还存在难以自然降解的问题，会给整个地球生态造成永久污染。

所以，无论从低碳还是环保的角度，都要尽量少使用一次性用品。购买东西的时候最好自备环保购物袋。尽量不点外卖，如果要点，在有条件的情况下自备筷子，选择纸质包装的外卖。同时，在车上和办公室里常备水杯，可以有效减少购买瓶装水的频次，如果一定要买，尽量延长瓶子的使用寿命。

第六，光盘行动。虽说吃一顿饭，碳排放并不高，但是日积月累的碳排放也很高。人类因为饮食产生的温室气体排放量占全球温室气体排放总量的29%。

从饮食方面减少碳排放，最主要的就是不浪费粮食，根据联合国粮食及农业组织的统计，全球约有1/3的粮食被浪费。我国从2013年就开始提倡光盘行动，2021年4月，十三届全国人民代表大会常务委员会第二十八次会议表决通过《中华人民共和国反食品浪费法》，将反食品浪费写进了法律。

数字新经济下，为了减少碳排放，早日实现碳中和，每个人都要节约粮食，外出吃饭时足量即可，不要铺张浪费，坚决贯彻光盘行动。

附录
碳中和相关术语解释

1. 温室气体

温室气体是指大气中由自然或人为产生的，能够吸收和释放地球表面、大气本身和云所发射的陆地辐射谱段特定波长辐射的气体成分。该特性可导致温室效应。水蒸气（H_2O）、二氧化碳（CO_2）、氧化亚氮（N_2O）、甲烷（CH_4）和臭氧（O_3）是最主要的。此外，大气中还有许多完全由人为因素产生的，如《蒙特利尔协议》所涉及的卤烃和其他含氯和含溴物。除 CO_2、N_2O 和 CH_4 外，《京都议定书》还将六氟化硫（SF_6）、氢氟碳化物（HFC）和全氟化碳（PFC）定义为温室气体。

2. 温室效应

温室效应是指大气中所有红外线吸收成分的红外辐射效应。温室气体、云和少量气溶胶吸收地球表面和大气中其他地方放射的陆地辐射，这些物质向四处放射红外辐射，但在其他条件相同时，放射到太空的净辐射量一般小于没有吸收物情况下的辐射量，这是因为对流层的温度随着高度的升高而降低，辐射也随之减弱。温室气体浓度越高，温室效应越强，其中的差值有时称作强化温室效应。人为排放导致的温室气体浓度变化可加大瞬时辐射强迫。作为对该强迫的响应，地表温度和对流层温度会上升，就此逐步恢复大气顶层的辐射平衡。[1]

[1] 徐世晓，赵新家，孙平，等.温室效应与全球气候变暖[J].青海师范大学学报（自然科学版），2001（4）：43-47+52.

3. 气候变化

气候变化是指气候平均状态统计学意义上的巨大改变或者持续较长一段时间（30 年或更长）的气候变动。气候变化不但包括平均值的变化，还包括变率的变化。《联合国气候变化框架公约》将气候变化定义为，经过相当一段时间的观察，在自然气候变化之外由人类活动直接或间接地改变全球大气组成所导致的气候改变。

4. 二氧化碳当量

为统一度量整体温室效应的结果，需要一种能够比较不同温室气体排放的量度单位，由于二氧化碳增温效应的贡献最大，以二氧化碳当量为度量温室效应的基本单位，用作比较不同温室气体排放的量度单位。通过全球增温潜势进行换算。[1]

5. 全球增温潜势

在一定时期（通常为 100 年）内，排放到大气中的 1 千克温室气体的辐射强迫与 1 千克二氧化碳的辐射强迫的比值。

6. 碳强度

按某一个变量（如国内生产总值、产出能源的使用或交通运输等）单位排放的二氧化碳量。

[1] 《气候变化国家评估报告》编写委员会.第二次气候变化国家评估报告[M].北京：科学出版社，2011.

7. 碳固定

增加除大气之外碳库的碳储量的过程。

8. 碳排放

碳排放是指煤炭、天然气、石油等化石能源燃烧活动和工业生产过程以及土地利用、土地利用变化与林业活动产生的温室气体向大气的排放，以及因使用外购的电力和热力等所导致的间接温室气体向大气的排放。

9. 人为排放

人类活动引起的各种温室气体、气溶胶，以及温室气体或气溶胶的前体物的排放。这些活动包括各类化石燃料的燃烧、毁林、土地利用变化、畜牧业生产、化肥施用、污水管理，以及工业流程等。

10. 直接排放

在定义明确的边界内各种活动产生的物理排放，或在某一区域、经济部门、公司或流程内产生的排放。

11. 间接排放

在定义明确的范围内，如某个区域、经济部门、公司或流程的边界内各种活动的后果，但排放是在规定的边界之外产生的排放。例如，如果排放与热量利用有关，但物理排放却发生在热量用户的边界之外，或者排放与发电有关，但物理排放却发生在供电行业的边界之外，那么这些排放可描述为间接排放。

12. 适应

适应是指针对实际的或预计的气候及其影响进行调整的过程。在人类系统中，适应有利于缓解或避免危害，或利用各种有利机会。在某些自然系统中，人类的干预也许有助于适应预计的气候及其影响。

13. 适应能力

适应能力是指某个系统、机构、人类及其他生物针对潜在的损害、机遇或后果进行调整、利用和应对的能力。

14. 气溶胶

气溶胶是空气中悬浮的固态或液态颗粒物，其大小一般在0.001~0.1 微米，可在大气中驻留几小时。气溶胶既包括颗粒物，也包括悬浮的气体。气溶胶有自然的和人为的两类来源。气溶胶可通过两种方式影响气候：①通过散射和吸收辐射直接影响气候；②通过作为云凝结核或冰核，改变云的光学特性和云的生命周期而对气候产生间接影响。无论是自然的还是人为的大气气溶胶，都源于两种不同的路径：一是初级颗粒物的排放；二是从气态前体形成二级颗粒物。大部分气溶胶来源于自然。

15.《联合国气候变化框架公约》

该公约于 1992 年 5 月 9 日在纽约通过，并于 1992 年里约热内卢地球峰会上由超过150个国家和欧洲共同体签署。该公约在控制气候变化领域有基石意义。该公约由序言、二十六条正文和两个附件组成。包括公约目标、原则、承诺、研究与系统观测、教育培训和公众意识、缔约方会议、秘书处、公约附属机构、资金机制和提供履行公约的国家履约信息通报及公约有关的法律和技术等条款。该公约的最终目标是“将大气中的温室气体浓度稳定在一个能使气候系统免受危险的人为干预的水平上”。在“共同但有区别的责任”原则下，该公约包含了针对所有缔约方的承诺。该公约于1994年3月开始生效。

16. 政府间气候变化专门委员会

政府间气候变化专门委员会由世界气象组织（WMO）和联合国环境规划署（UNEP）于1988年组织设立，是一个政府间科学机构，牵头评估气候变化的国际组织，其作用是对与人类引起的气候变化相关的科学、技术和社会经济信息进行评估。旨在提供有关气候变化的科学技术和社会经济认知状况、气候变化原因、潜在影响和应对策略的综合评估。本组织的工作与政策具有相关性，但又对政策保持中立关系，不对政策作任何指令或规定。

17.《京都议定书》

《京都议定书》是1997年在日本京都召开的《气候框架公约》第三次缔约方大会上通过的国际性公约。为发达国家的温室气体放量规定了标准，即在2008~2012年，全球主要工业国家的工业二氧化碳排放量比1990年的排放量平均低5.2%。

18. 碳循环

碳循环是一种生物地质化学循环，指碳元素在地球上的生物圈、岩石圈、水圈及大气中交换。碳的主要来源有四个，分别是大气、陆上的生物圈（包括淡水系统及无生命的有机化合物）、海洋及沉积物。通过化学、物理和生物过程进行从库到库的碳交换。与氮循环和水循环一起，碳循环包含一系列使地球能持续存在生命的关键过程和事件。碳循环描述了碳元素在地球上的回收和重复利用，包括碳沉淀。

19. 碳密度

碳密度是指单位面积的碳储量。通常指有机碳。

20. 碳通量

碳通量是指碳循环过程中，在单位时间单位面积二氧化碳从一个库向另一个库的转移量。

21. 碳中和

碳中和也称碳补偿，是指通过计算某活动、工业生产或其他相关活动导致的二氧化碳排放总量，然后通过造林、森林经营等碳汇项目产生的碳汇量（减排量）抵消了相应的排放量，以实现碳排放与碳清除相互抵消，达到中和的目的。

22. 碳交易

《京都议定书》为促进全球减少温室气体排放，以国际公法作为依据的温室气体减排量交易，即是温室气体二氧化碳排放权交易。在被要求减排的温室气体中，二氧化碳为最大宗，所以这种交易以每吨二氧化碳当量为计算单位，通称为“碳交易”。其交易市场称为碳市场。

23. 碳交易机制

碳交易机制是规范国际碳交易市场的一种制度。碳资产原本并非商品，也没有显著开发价值。1997年《京都议定书》的签订改变了这一切。按照《京都议定书》规定，到2010年所有发达国家排放的二氧化碳、甲烷等在内的6种温室气体数量要比1990年减少5.2%。但由于发达国家能源利用效率高，能源结构优化，新能源技术被大量采用，本国进一步减排的成本高，难度较大。而发展中国家能源利用效率低，减排空间大，成本也低。这导致同一减排量在不同国家之间存在不同成本，形成价格差。发达国家有需求，发展中国家有供应能力，碳交易市场便由此产生。为达到《联合国气候变化框架公约》全球温室气体减量的最终目的，依据公约的法律架构，《京都议定书》中规定了三种排减机制：清洁发展机制、联合履约机制和国际排放贸易机制。

24. 清洁发展机制

清洁发展机制是《京都议定书》中引入的灵活履约的机制之一。它允许缔约方与非缔约方联合开展二氧化碳等温室气体减排项目。这些项目产生的减排数额可以被缔约方作为履行他们所承诺的限排或减排量。

25. 国际排放贸易机制

国际排放贸易机制是《京都议定书》中引入的灵活履约的机制之一。它是在国与国之间，进行包括“减排量单位”（ERU）、“核证减排量”（CERs）、“分配数量单位”（AAU）、“清除单位”（RMU）等减排单位核证的转让或获得。也就是发达国家将其超额完成的减排义务指标，以贸易方式直接转让给另外一个未能完成减排义务的发达国家。

26. 联合履约机制

联合履约机制是《京都议定书》中引入的灵活履约机制之一。是附件一国家之间在“监督委员会”的监督下，进行减排量单位核证与转让或获得，所使用的减排单位为“减排量单位”。作为可交易的商品，该机制有利于各国实现《京都议定书》下的减排承诺。

27. 碳排放权

碳排放权是指依法取得的向大气排放温室气体的权利。

28. 排放配额

排放配额是政府分配给重点排放单位指定时期内的碳排放额度，是碳排放权的凭证和载体。1 单位配额相当于 1 吨二氧化碳当量。

29. 碳信用

碳信用是指国际有关机构依据《京都议定书》等国际公约，发给温室气体减排国、用于进行碳贸易的凭证。一个单位的碳信用通常相当于 1 吨二氧化碳的减排量。

30 碳金融

碳金融是指由《京都议定书》而兴起的低碳经济投融资活动，或称碳融资和碳物质的买卖，即服务于限制温室气体排放等技术和项目的直接投融资、碳排放权交易和银行贷款等金融活动。

31. 历史法

历史法也称祖父法，是指根据控排企业的历史碳排放量确定其在总碳排放权分配中的份额，实质上会产生“鞭打快牛”效应，对高排放形成鼓励，对已经采取减排措施的企业、高成长和新进入的企业不利，但是在市场初建时使用这一方法有利于减轻来自利益团体的阻力。

32. 基准线法

基准线法是指按照行业总体，或效率最高的一定比例的企业的平均效率作为基准，乘以相应行业中各企业的历史产出及调整系数，来确定企业实际能分配到的免费配额。与“历史法”相比，基准线法更倾向于激励企业通过提高生产效率来实现减排目标，有利于促进长期环境与经济目标的协调，兼容产能扩张与新增企业。但是对数据需求量大，且也需要依据历史数据事前分配配额，具有调整的“滞后性”。

33. 拍卖法

拍卖法一般被认为是经济效率最高的分配方式，也是各大碳市场发展的方向。拍卖既可以增加分配过程的透明度，避免特定行业因分配不当获得超额利润，保护竞争，最好地体现了“污染者付费”原则，使提早实施减排措施的企业处于竞争的有利地位。此外，还可以部分改变政府和企业的信息不对称程度，有利于发现市场价格。但是由于对企业而言增加了其直接成本，因而执行阻力较大。

34. 固定价格出售法

政府按照固定的价格将碳配额卖给企业，非主流分配方法。

35. 碳市场一级市场和二级市场

碳市场分为一级市场和二级市场。一级市场是发行市场，政府分配碳配额并核发项目减排量（又称“抵消单位”），二者完成注册登记后，就变成了其持有机构能正式交易、履约和使用的基础碳资产。

二级市场是交易市场，完成碳资产现货和碳金融衍生品的交易流转。二级市场还可分为场内交易市场和场外交易市场两部分，前者即在交易所进行规范化交易；后者又称为柜台交易，即在交易所以外进行的各种碳资产交易活动，价格由双方协商确定。目前，全球碳市场中，场内交易是主流，但场外交易占有重要地位。

一级市场是二级市场的基础，其投放的碳资产种类和数量，直接决定二级市场现货流转的规模和结构。

36. 绿碳

绿碳又叫林业碳汇，是森林通过其自身的光合作用，固定大气中的二氧化碳，吸收进来的二氧化碳一部分随着植物的呼吸作用、植被的死亡、人工砍伐等释放出去，剩余部分可以被固定在植被和土壤中，形成碳汇。

37. 蓝碳

蓝碳又叫海洋碳汇，是相对于陆地生态系统中被植被和土壤固定的“绿碳”所提出的，指的是利用海洋活动及海洋生物吸收和存储大气中二氧化碳的过程、活动和机制。根据联合国的测算，大约 93% 的碳都被暂时储存在海洋生态系统中。人类排放到大气中的二氧化碳，有近 1/3 也是被海洋吸收的。因此，海洋是与森林等陆地生态系统同等重要的“碳库”。

海洋碳汇的发展重点聚焦在红树林、海草床、盐沼三大蓝碳生态系统上。尽管它们的覆盖面积相较海床整体面积微乎其微，但其能捕获和存储大量的碳，并将这些碳长期埋藏在海洋的沉积物中，具有巨大的固碳潜力。各国更好地对红树林、海草床、盐沼等生态系统进行保护，就等于在增加碳吸收。